GW00722672

GERMA. A WEEK

BOOK I

By

H. EICHINGER

M. GRINVALDS

E. BARTON

General Editor: P. H. HARGREAVES, B.A., F.I.L.

PUBLISHED BY
HERMES-GUILDFORD

ALSO IN THIS SERIES

GERMAN ONCE A WEEK, BOOK II
FRENCH ONCE A WEEK, BOOKS I and II

First published in 1963
Reprinted 1965
Revised 1966
Reprinted 1967, 1968, 1969, 1971, 1972, 1974, 1975, 1977, 1980, 1994.

Printed in Great Britain
by Antony Rowe Ltd.

AUTHORS' FOREWORD

THIS book has been constructed on the same principles as *French Once a Week*, Book 1, in the same series. That is to say, the vocabulary of 850 words has been based on word-frequency counts, and the grammar reduced to a minimum suitable for beginners.

The course has been constructed lesson by lesson, tried out on classes in various Colleges and Institutions, modified, and tried out again until we have been satisfied that the content and pace of the lessons are in keeping with beginners' capabilities.

This book is not aimed at perfectionists, but rather at students who wish to acquire rapidly enough German to understand an everyday conversation and to express themselves with reasonable fluency. We are sure that such students will gain confidence right from the beginning and not feel that they are wasting time or effort.

GERMAN ONCE A WEEK

LESSON 1

DIE FAMILIE WINTER

Die Familie Winter wohnt in Frankfurt. Herr Winter ist
der Vater, Frau Winter ist die Mutter. Sie haben zwei (2)
Kinder. Klaus ist der Sohn, er ist siebzehn (17) Jahre alt.
Hannelore ist die Tochter, und sie ist vierzehn (14) Jahre alt.
Beide Kinder besuchen die Oberschule, und sie lernen dort
Englisch. Der Vater besucht die Abendschule, und er lernt
auch Englisch. Er findet Englisch sehr schwer, aber er lernt es.
Am Abend sprechen Herr Winter und die Kinder nur Englisch,
aber Frau Winter versteht kein Englisch.

Vocabulary:

der Vater	father
der Herr	gentleman, Mr.
der Sohn	son
der Abend	evening
am Abend	in the evening
die Familie	family
die Frau	wife, woman, Mrs.
die Mutter	mother
die Tochter	daughter
die Oberschule	grammar school
die Abendschule	evening school
das Kind	child
die Kinder	children
das Jahr	year
die Jahre	years
wohnen	to live
haben	to have

1

besuchen	to visit, attend
lernen	to learn
finden	to find
sprechen	to speak
er spricht	he speaks
verstehen	to understand
er ist	he is
sie ist	she is
alt	old
schwer	difficult
kein	no, not any
beide	both
in	in
sehr	very
dort	there
nur	only
und	and
aber	but
auch	also

GRAMMAR

1. The definite article 'the'.

All **nouns** in German belong to one of these three genders:

masculine	*feminine*	*neuter*
der	**die**	**das**
der Abend	**die** Familie	**das** Jahr
the evening	the family	the year

In the plural the definite article is **die** for all three genders.

die Abende	**die** Familien	**die** Jahre
the evenings	the families	the years

The gender of a noun can often be recognized by the definite article (the). At this stage there is no way of knowing when a noun is *masculine, feminine,* or *neuter*; so the article must be learnt with each noun.

In German all **nouns** are spelt with a **capital letter**.

2. Personal pronouns:

masculine	*feminine*	*neuter*
er he	sie she	es it

Plural   sie they

In German the pronoun must agree in gender with the noun for which it stands.

Examples:

Wie ist **der** Abend?	**Er** ist kalt.
How is the evening?	He is cold.
(What is the evening like?)	(It is cold.)
Wo ist **die** Abendschule?	**Sie** ist in Frankfurt.
Where is the evening school?	She is in Frankfurt.
Wie ist **das** Kind?	**Es** ist klein.
How is the child?	It is small.
(What is the child like?)	(It is small.)

EXERCISES

wo? = *where? wer?* = *who? wie?* = *how? was?* = *what?*

1. Answer all questions with complete sentences:

(1) Wo wohnt die Familie Winter? *Frankfurt*
(2) Wer ist der Vater? *Herr Winter*
(3) Haben sie Kinder? *Ja, zwei*
(4) Wie alt ist der Sohn? *Siebzehn*
(5) Wie alt ist die Tochter? *Vierzehn*
(6) Was lernen die Kinder? *English*
(7) Wer besucht die Abendschule? *Der Vater*
(8) Was lernt der Vater? *English*
(9) Wer findet Englisch schwer? *Herr Winter*
(10) Wer versteht kein Englisch? *Die Mutter*

2. Put the correct form of the definite article (der, die, das):

der..Vater, *die*..Mutter, *das*..Kind, *der*..Abend, *das*..Jahr,
die..Tochter, *der*..Sohn, *die*..Oberschule, *der*..Herr,
die..Frau, *die*..Familie, *die*..Abendschule.

3. Use the correct pronoun:

(1) Wie alt ist Klaus? *Er* ist siebzehn Jahre alt.
(2) Wo wohnt die Familie Winter? *Sie* wohnt in Frankfurt.
(3) Die Tochter ist vierzehn Jahre alt, und *sie* besucht die Oberschule.
(4) Wie ist der Abend? *Er* ist kalt.
(5) Der Vater lernt Englisch, *er* findet es schwer.

4. Translate into English:

(1) Herr und Frau Winter haben zwei Kinder.
(2) Die Tochter ist vierzehn Jahre alt.
(3) Die Kinder lernen Englisch.
(4) Die Kinder besuchen die Oberschule.
(5) Herr Winter lernt Englisch.
(6) Klaus findet Englisch sehr schwer.
(7) Der Vater besucht die Abendschule.
(8) Die Mutter versteht kein Englisch.

LESSON 2

DAS HAUS

Die Familie Winter hat ein Haus. Es ist gross. Es hat eine Halle, ein Wohnzimmer, ein Speisezimmer, ein Arbeitszimmer, drei Schlafzimmer, ein Badezimmer und eine Küche. Das Wohnzimmer ist sehr gross und gemütlich; es hat drei Fenster, aber es ist im Winter warm. Die Familie ist am Abend im Wohnzimmer. Der Vater liest die Zeitung und raucht eine Zigarre. Die Mutter hört Radio, und die Kinder lesen. Klaus liest ein Buch, und Hannelore liest die Zeitung.

Die Küche ist sehr hell, aber nicht sehr gross. Frau Winter kocht dort. Die Familie speist im Speisezimmer. Das Badezimmer ist sehr klein. Herr Winter arbeitet oft im Arbeitszimmer. Die Schlafzimmer und das Badezimmer sind oben. Herr Winter hat auch ein Auto; die Garage ist im Garten.

Vocabulary:

der Winter	winter
der Garten	garden
im Garten	in the garden
die Halle	hall
die Küche	kitchen
die Zeitung	newspaper
die Garage	garage
die Zigarre	cigar
das Haus	house
das Wohnzimmer	living-room
das Speisezimmer	dining-room
das Arbeitszimmer	study
das Schlafzimmer	bedroom
das Badezimmer	bathroom
das Fenster	window
das Buch	book

5

das Radio	radio
das Auto	motor-car
lesen	to read
sie liest	she reads
rauchen	to smoke
hören	to hear, listen to
kochen	to cook
speisen	to eat, dine
arbeiten	to work
sie sind	they are
gross	large, big
warm	warm
hell	light, bright
klein	small, little
gemütlich	comfortable, cosy
oft	often
oben	upstairs
ja	yes
nein	no
nicht	not

GRAMMAR

1. **The indefinite article 'a, an'.**

masculine	*feminine*	*neuter*
ein	**eine**	**ein**
ein Vater	**eine** Mutter	**ein** Kind
a father	*a* mother	*a* child
ein Garten	**eine** Halle	**ein** Haus
a garden	*a* hall	*a* house

The negative of **ein, eine, ein** is **kein, keine, kein,** meaning
no, not a, not any.

Examples:

Er hat **kein** Haus   Sie hat **keine** Tochter
He has *no* (not a) house   She has *no* (not a) daughter

2. The irregular verb HABEN—to have.

ich habe	I have
du hast	thou hast (familiar form singular)
er hat	he has
sie hat	she has
es hat	it has
wir haben	we have
ihr habt	you have (familiar form plural)
Sie haben	you have (formal form singular or plural)
oie haben	they have

Du and **ihr** are called **familiar forms** and are used only when addressing children, relatives, good friends or animals.

3. Conjugation of regular verbs.

LERNEN—to learn

ich lerne	I learn, I do learn, I am learning
du lernst	you learn (familiar form singular)
er lernt	he learns
sie lernt	she learns
es lernt	it learns
wir lernen	we learn
ihr lernt	you learn (familiar form plural)
Sie lernen	you learn (formal form singular or plural)
sie lernen	they learn

Remember that in German there is only one way to express the three English forms of the present tense

I learn—
I do learn—   **ich lerne**
I am learning—

4. In German the **negative** is formed by adding **nicht** to the verb.

Example:
Ich rauche **nicht**. I smoke not, i.e. I do not smoke,
                                       I am not smoking

5. Numbers 1 to 12

eins	one
zwei	two
drei	three
vier	four
fünf	five
sechs	six
sieben	seven
acht	eight
neun	nine
zehn	ten
elf	eleven
zwölf	twelve

EXERCISES

1. **Answer all questions with complete sentences:**
   wieviel?=how much?   wie viele?=how many?
   (1) Wer hat ein Haus? *Die Familie Winter*
   (2) Ist es gross? *Ja, es ist gross*
   (3) Wo ist die Garage? *Es ist im Garten*
   (4) Wie viele Fenster hat das Wohnzimmer? *Drei*
   (5) Ist das Badezimmer gross? *Nein, sehr klein*
   (6) Wo arbeitet Herr Winter? *im Arbeitszimmer*
   (7) Wer liest die Zeitung und raucht eine Zigarre? *Herr Winter*
   (8) Haben Sie ein Haus? *Ja*
   (9) Wo ist es? *In England*
   (10) Ist es gross? *Ja, es ist sehr gross*
   (11) Haben Sie ein Auto? *Ja, ich habe ein Auto*
   (12) Rauchen Sie? *Nein, ich rauche nicht*

2. **Complete the following sentences with the indefinite article:**
   (1) Herr Winter hat *ein*....Haus und *eine*....Garage.
   (2) Klaus liest *ein*....Buch.
   (3) Der Vater raucht *eine*....Zigarre.
   (4) Die Mutter liest *eine*....Zeitung.
   (5) Wir besuchen *eine*....Familie.
   (6) Die Frau hat *ein*....Kind.

3. Give the correct form of the verb:

(1) Klaus (hören) das Radio. *hört*
(2) Die Mutter (kochen) dort. *kocht*
(3) Herr und Frau Winter (rauchen) im Wohnzimmer. *raucht*
(4) Die Familie (speisen) im Speisezimmer. *speist*
(5) Hannelore (lesen) ein Buch. *liest*
(6) Wir (wohnen) in Frankfurt. *wohnen*
(7) Herr Winter (besuchen) die Abendschule. *besucht*
(8) Die Kinder (lernen) Englisch. *lernen*

4. Put the following sentences into the negative:

(1) Ich rauche. *nicht*
(2) Herr Winter liest ein Buch. *liest kein Buch*
(3) Er hat ein Haus. *Er hat kein Haus*
(4) Die Kinder lernen. *nicht*
(5) Das Badezimmer ist gross. *ist klein*
(6) Die Küche ist hell. *ist kein hell*
(7) Sie arbeiten, *nicht*
(8) Sie wohnt in Frankfurt. *nicht*

5. Translate into English:

(1) Die Mutter liest die Zeitung im Wohnzimmer.
(2) Die Tochter arbeitet im Arbeitszimmer.
(3) Der Herr hört das Radio und raucht eine Zigarre.
(4) Das Speisezimmer ist gross, und es hat zwei Fenster.
(5) Der Vater und die Kinder sprechen oft Englisch.
(6) Klaus ist siebzehn Jahre alt.

The mother reads the newspaper in the living room.

The daughter works in the study.

The man listens to the radio and smokes a cigar.

The dining room is big and has two windows.

The father and the children often speak English.

Klaus is 17 years old.

LESSON 3

EIN AUSFLUG

Heute ist Sonntag. Die Familie macht einen Ausflug nach Heidelberg. Herr Strauss, der Grossvater, wohnt dort. Er ist Frau Winters Vater.

Herr Winter geht in die Garage und holt den Wagen. Die Mutter und die Kinder steigen in das Auto, und die ganze Familie fährt nach Heidelberg. Sie sind in zwei Stunden in Heidelberg. Sie sehen schon den Park und das Schloss. Sie treffen bald den Grossvater.

„Schau, Vati, dort geht der Grosspapa!" ruft Hannelore. Sie öffnet das Fenster und ruft:

„Guten Tag, Grosspapa!"

Herr Winter öffnet die Tür, und der Grossvater steigt in das Auto.

„Wie geht es dir, Vater?" fragt Frau Winter.

„Danke, Else, es geht mir sehr gut, und wie geht es euch?"

„Danke, Vater, sehr gut!"

Sie sehen nach fünf Minuten ein Gartencafé, und sie gehen hinein. Ein Freund, Herr Schiller, sitzt dort.

„Guten Tag, Herr Schiller! Wie geht es Ihnen?"

„Danke, es geht mir sehr gut. Bitte nehmen Sie hier Platz!"

Alle trinken Kaffee, essen Kuchen und hören Musik.

Vocabulary:

der Sonntag	Sunday
der Ausflug	excursion, outing
der Grossvater	grandfather
der Grosspapa	grandad
der Tag	day
der Freund	friend
der Kaffee	coffee
der Kuchen	cake
der Wagen	car (motor)
der Park	park

die Tür	door
die Minute	minute
die Minuten	minutes
die Stunde	hour
die Musik	music
das Schloss	castle
das Gartencafé	garden café
sagen	to say
machen	to do, make
gehen	to go
holen	to fetch, bring
sehen	to see
er sieht	he sees
rufen	to call
öffnen	to open
fragen	to ask
sitzen	to sit
nehmen	to take
er nimmt	he takes
trinken	to drink
essen	to eat
er isst	he eats
treffen	to meet
er trifft	he meets
fahren	to travel, drive
er fährt	he travels, drives
steigen	to climb
ganz	whole
alle	all
nun	now
schon	already
heute	to-day
bald	soon
hier	here
hinein	into
nach	after, to
bitte	please

ZUM LERNEN

Wie geht es dir?	How are you? (familiar singular)
Wie geht es euch?	How are you? (familiar plural)
Wie geht es Ihnen?	How are you? (singular and formal plural form)
Danke, es geht mir sehr gut.	Thank you, I am very well.
Bitte nehmen Sie Platz!	Please take a seat.
Guten Tag!	Good day.
Schau, Vati!	Look, daddy!
Sie gehen hinein.	They go inside.

GRAMMAR

When a **masculine** noun is the **direct object** (accusative case) the definite article must change from **der** to **den**.

In a similar way the indefinite article must change from **ein** to **einen**.

Subject (nominative case)	*Verb*	*Direct object* (accusative case)
Der Vater	besucht	**den** Sohn.
The father	visits	*the* son.
Ein Freund	hat	**einen** Garten.
A friend	has	*a* garden.

The examples below show that the definite and indefinite articles **do not change** in the **accusative case** for **feminine** and **neuter** nouns.

Die Mutter	liest	**die** Zeitung.
The mother	reads	*the* newspaper.
Eine Mutter	liest	**eine** Zeitung.
A mother	reads	*a* newspaper.
Das Kind	hat	**das** Buch.
The child	has	*the* book.
Ein Kind	hat	**ein** Buch.
A child	has	*a* book.

EXERCISES

1. **Answer all questions with complete sentences:**
wohin?=whither? where to? wen?=whom?
   (1) Wer macht einen Ausflug?
   (2) Wo wohnt der Grossvater?
   (3) Wohin geht Herr Winter?
   (4) Was holt er?
   (5) Wer steigt in das Auto?
   (6) Was sehen sie in Heidelberg?
   (7) Wen treffen sie im Park?
   (8) Wer sitzt schon im Café?
   (9) Was machen alle im Gartencafé?
   (10) Wie geht es Ihnen?

2. **Give the correct form of the verb:**
   (1) Er (holen) das Auto.
   (2) Hannelore (gehen) in das Café und (trinken) Kaffee.
   (3) Der Grossvater (sehen) die Kinder.
   (4) Herr Schiller (wohnen) in Heidelberg.
   (5) Klaus (öffnen) das Fenster.

3. **Complete with the definite article:**
   (1) Er sieht das Haus und der Garten.
   (2) Klaus trifft den Freund.
   (3) Hannelore holt die Zeitung.
   (4) Die Kinder sehen den Grossvater.
   (5) Der Vater ruft den Sohn.

4. **Complete with the indefinite article:**
   (1) Die Mutter isst einen Kuchen.
   (2) Sie machen einen Ausflug.
   (3) Er hat ein Haus und einen Garten.
   (4) Hannelore öffnet eine Tür.
   (5) Der Vater nimmt ein Buch.

5. **Translate into English:**
   (1) Hannelore macht einen Ausflug nach Heidelberg.
   (2) Die Mutter sieht ein Gartencafé.

(3) Herr Winter holt das Auto.

(4) Sie steigen in das Auto.

(5) Sie trinken Kaffee und hören Musik.

(6) Herr Schiller sitzt im Garten, und die Kinder sitzen auch dort.

(7) „Guten Tag. Wie geht es Ihnen?" fragt Hannelore.

(8) „Es geht mir sehr gut," sagt Herr Schiller.

(9) Sie gehen in das Schloss.

(10) Herr und Frau Winter treffen den Grossvater.

LESSON 4

IM CAFÉ

Der Grossvater, Herr und Frau Winter, ihre Kinder und ihr
Freund Herr Schiller sitzen im Café und plaudern.
„Sind Ihre Kinder noch in München, Herr Schiller?" fragt
Frau Winter.
„Ja, meine Frau und meine Kinder bleiben dort bis Ende
August. Ich bin auch oft in München. Mein Vater hat dort
ein Haus. Sein Haus ist nicht sehr gross, aber es ist sehr schön
und gemütlich. Mein Vater hat auch einen Garten, und die
Kinder spielen dort den ganzen Tag und sind sehr froh. Wo
ist jetzt Ihre Frau Mutter, Frau Winter?"
„Meine Mutter ist in Camberg. Sie heilt dort ihren Rheuma-
tismus (die Kinder lachen laut). Aber Kinder, warum lacht
ihr, was ist denn los?"
„Mutti, siehst du dort den Hund? Er frisst meinen Kuchen,"
sagt Hannelore.
„Aber warum frisst der Hund deinen Kuchen, Hannelore?"
„O Mutti, er schmeckt mir nicht!"
„Hannelore, du bist sehr unartig!"

Vocabulary:

der Hund	dog
der Rheumatismus	rheumatism
das Café	café
München	Munich
plaudern	to chat
bleiben	to remain, stay
spielen	to play
heilen	to cure
lachen	to laugh
schmecken	to taste
fressen	to eat (of animals only)
er frisst	he eats

15

schön	beautiful
froh	glad, happy
laut	loud
lang(e)	long
unartig	naughty
noch	still, yet
jetzt	now
warum?	why?

ZUM LERNEN

bis Ende August	until the end of August
Was ist denn los?	What is the matter?
Er (sie, es) schmeckt mir.	I like it (of food).
Er (sie, es) schmeckt mir nicht.	I don't like it.
den ganzen Tag	the whole day

GRAMMAR

1. The irregular verb SEIN—to be.

ich bin	I am
du bist	you are (thou art)
er ist	he is
sie ist	she is
es ist	it is
wir sind	we are
ihr seid	you are
Sie sind	you are
sie sind	they are

2. Possessive adjectives.

The possessive adjectives are declined in the same way as the indefinite article.

Masculine

mein Garten	my garden
dein Garten	your garden (familiar)
sein Garten	his garden
ihr Garten	her garden

sein Garten	its garden
unser Garten	our garden
euer Garten	your garden (familiar)
Ihr Garten	your garden (formal)
ihr Garten	their garden

Feminine

meine Familie	my family
deine Familie	your family (familiar)
seine Familie	his family
ihre Familie	her family
seine Familie	its family
unsere Familie	our family
euere Familie	your family (familiar)
Ihre Familie	your family (formal)
ihre Familie	their family

Neuter

mein Kind	my child
dein Kind	your child (familiar)
sein Kind	his child
ihr Kind	her child
sein Kind	its child
unser Kind	our child
euer Kind	your child (familiar)
Ihr Kind	your child (formal)
ihr Kind	their child

Note: The masculine accusative takes the ending **-en**

Nom. mein Vater	sein Garten
Acc. mein**en** Vater	sein**en** Garten

All possessive adjectives take the ending **-e** in the nominative and accusative plural.

Examples:

unsere Kinder	our children
seine Freunde	his friends

EXERCISES

1. Answer the following questions:

(1) Wo sind Frau Schiller und ihre Kinder?
(2) Wo spielen ihre Kinder den ganzen Tag?
(3) Wer lacht laut?
(4) Wer frisst den Kuchen?
(5) Wer ist unartig?
(6) Wie lange bleiben Frau Schiller und ihre Kinder in München?
(7) Wo wohnen Sie?
(8) Haben Sie einen Garten?

2. Use the correct form of „sein":

(1) Der Vater und der Grossvater (are) im Garten.
(2) Klaus, wo (are) du?
(3) Ich (am) im Wohnzimmer.
(4) Kinder, wo (are) ihr?
(5) Wir (are) im Speisezimmer.
(6) Frau Schiller (is) in München.
(7) (Are) Sie oft in London?
(8) Nein, ich (am) oft in Manchester.
(9) Wo (is) der Hund?
(10) Hannelore, du (are) sehr unartig!

3. Give the correct German possessive adjectives:

(1) Herr Winter trifft (his) Vater.
(2) (His) Sohn besucht die Oberschule.
(3) (My) Haus ist sehr gross.
(4) Wo ist (your) Tochter?
(5) Hier ist (my) Garage und (my) Auto.
(6) Klaus sagt: „Hannelore, (your) Hund ist sehr unartig!"
(7) Wo spielen (our) Kinder?
(8) Sehen Sie (our) Garten?
(9) Ist (your) Garten auch so gross?
(10) Ich treffe (my) Freunde im Café.

4. Translate into English:

(1) Herr und Frau Winter und ihre Kinder sitzen im Park und plaudern.

(2) Sie treffen dort ihren Freund.

(3) Der Grossvater ist auch dort.

(4) Meine Frau bleibt bis Ende August in München.

(5) Der Kuchen schmeckt mir nicht.

(6) Meine Kinder sind sehr unartig, sie essen ihren Kuchen nicht.

LESSON 5

REVISION

DIE FAMILIE WINTER FÄHRT NACH HAUSE

Unsere Freunde verlassen um sechs Uhr das Gartencafé.
„Auf Wiedersehen, Herr Schiller! Besuchen Sie uns in Frankfurt!"
„Danke sehr und auf Wiedersehen! Kommen Sie gut nach Hause!" sagt Herr Schiller.
„Danke schön und auf Wiedersehen, Herr Schiller!"
Herr Winter holt seinen Wagen. Alle steigen in das Auto. Der Grossvater fährt auch nach Frankfurt. Die Familie Winter und Herr Strauss, der Grossvater, sind bald wieder in Frankfurt. Der Wagen hält. Frau Winter, Herr Strauss und die Kinder gehen in das Haus hinein, aber Herr Winter fährt seinen Wagen in die Garage und schliesst die Tür. Er geht nun in sein Haus. Er findet seinen Schwiegervater und seine Familie im Wohnzimmer. Herr Strauss raucht eine Zigarette und sagt:
„Euer Wohnzimmer ist sehr gemütlich!"

Vocabulary:

der Schwiegervater	father-in-law
die Zigarette	cigarette
halten	to stop
er hält	he stops
verlassen	to leave
er verlässt	he leaves
schliessen	to shut, close
bald	soon
weniger	minus, less

ZUM LERNEN

Kommen Sie gut nach Hause!	Get home safely!
Auf Wiedersehen!	See you again!
Um sechs Uhr.	At six o'clock.
Besuchen Sie uns!	Pay us a visit (Come to see us)!

EXERCISES

1. **Answer the following questions:**
   (1) Um wieviel Uhr verlassen unsere Freunde das Garten-café?
   (2) Wer holt seinen Wagen?
   (3) Wer fährt auch nach Frankfurt?
   (4) Wer geht in das Haus hinein?
   (5) Wohin fährt Herr Winter seinen Wagen?
   (6) Wen findet er im Wohnzimmer?
   (7) Was raucht Herr Strauss?
   (8) Was sagt der Grossvater?

2. **Give the correct form of the verb:**
   (1) Herr Schiller (treffen) seine Familie im Park.
   (2) Mein Sohn (spielen) im Garten.
   (3) Unser Hund (fressen) den Kuchen.
   (4) Das Kind (essen) zwei Kuchen.
   (5) Deine Freunde (lernen) Deutsch.
   (6) Der Grossvater (besuchen) seine Kinder.
   (7) Unsere Tochter (fahren) nach München.
   (8) Er (nehmen) im Wohnzimmer Platz.
   (9) Wir (sitzen) am Abend im Wohnzimmer und (lesen).
   (10) Er (finden) seine Frau im Arbeitszimmer.
   (11) Du (sprechen) nicht sehr gut Englisch.
   (12) Meine Frau (sprechen) sehr gut Deutsch.

3 (a). **Complete the following:**
   (1) Klaus und Hannelore besuchen d....Schule.
   (2) Wir haben ei....Küche.
   (3) Der Vater raucht ei....Zigarette.

(4) Er sieht sei....Freund.
(5) Die Mutter öffnet d....Tür.
(6) Sie haben ei....Garten.
(7) Er holt sei....Wagen.
(8) Die Tochter liest ih....Buch.
(9) Die Familie macht ei....Ausflug.
(10) Er sieht d....Park und d....Café.

3 (b).   4 und 6 ist ....
2 und 7 ist ....
8 und 3 ist ....
3 und 2 ist ....
1 und 11 ist ....

8 weniger 3 ist ....
7 weniger 4 ist ....
12 weniger 2 ist ....
6 weniger 5 ist ....
9 weniger 7 ist ....

4. Translate into English:
(1) Er lernt Englisch, aber er findet es sehr schwer.
(2) Wir sitzen oft am Abend im Wohnzimmer und rauchen.
(3) Der Wagen hält, die Kinder steigen in den Wagen.
(4) Der Schwiegervater liest die Zeitung, und seine Tochter hört das Radio.
(5) Wie geht es Ihnen, Herr Schiller?—
Danke, es geht mir sehr gut, und wie geht es Ihnen?
(6) Wir sitzen im Café, trinken Kaffee und essen Kuchen.
(7) Sie sieht das Schloss im Park.
(8) Herr Winter arbeitet oft im Arbeitszimmer.
(9) Mein Schlafzimmer und mein Badezimmer sind oben.
(10) Bitte, nehmen Sie hier Platz!
(11) Siehst du den Hund dort?
(12) Die Kinder lachen oft laut und sind unartig.
(13) Sie öffnet das Fenster und ruft den Vater.
(14) Wir sitzen im Garten und plaudern.
(15) Sie sprechen sehr gut Deutsch.

LESSON 6

AM MORGEN

Es ist Montag, acht Uhr morgens. Das Frühstück ist fertig.
Frau Winter ruft:
„Kinder, seid ihr endlich fertig? Hannelore, wo bist du
so lange?"
„O Mutti, ich finde nirgends meinen Kamm!"
„Suche ihn im Badezimmer! Vielleicht findest du ihn dort."
Hannelore sucht ihren Kamm im Badezimmer.
„Danke, Mutti, ich sehe ihn schon. Der Hund hat ihn."
„Klaus, wo bist du? Komm schnell! Das Frühstück ist schon
lange fertig."
Klaus ruft:
„Aber wo ist meine Mütze? Ich gehe ohne sie nicht in
die Schule."
Er läuft durch das Haus und sucht seine Mütze; er findet
sie nirgends. Er läuft um das Haus. Er findet sie nicht. Er
kommt in das Haus und sucht sie wieder. Er findet sie endlich
im Arbeitszimmer.
Die Familie sitzt nun endlich im Speisezimmer und früh-
stückt. Sie essen Brötchen mit Butter und Marmelade. Herr
Winter trinkt Kaffee mit Milch und Zucker. Seine Frau trinkt
ihn mit Milch, aber ohne Zucker. Die Kinder trinken Milch.
Sie ist heiss. Alle essen auch Eier. Klaus isst sein Ei nicht.
Die Mutter fragt:
„Warum isst du es nicht?"
„Es ist zu hart für mich."
„Und wie ist dein Ei, Hannelore?"
„Es ist für mich nicht zu hart. Es ist weich genug."
Es klingelt. Die Mutter öffnet die Haustür. Der Briefträger
steht draussen. Er bringt ein Telegramm.
„Kommen Sie bitte herein!"
Der Mann bekommt ein Trinkgeld.

„Das ist für Sie," sagt Frau Winter. Der Briefträger sagt:
„Danke schön," und verlässt das Haus.

„O Mutti, wer schickt das Telegramm, was steht darin?"
„Es ist für uns alle. Onkel Karl schickt es. Da steht:
ANKOMME SONNTAGMORGEN ZEHN UHR KARL."
„Wunderbar!" ruft Hannelore, „am Sonntag ist mein Geburtstag. Onkel Karl bringt hoffentlich ein Geschenk für
mich mit."

Vocabulary:

der Morgen	morning
der Montag	Monday
der Kamm	comb
der Zucker	sugar
der Mann	man
der Briefträger	postman
der Onkel	uncle
der Geburtstag	birthday
die Mütze	cap
die Butter	butter
die Marmelade	jam, marmalade
die Milch	milk
die Haustür	front-door
das Frühstück	breakfast
das Brötchen	bread roll
das Ei	egg
die Eier	eggs
das Telegramm	telegram
das Trinkgeld	tip
das Geschenk	present
suchen	to look for, search for
laufen	to run
er läuft	he runs
frühstücken	to take breakfast
klingeln	to ring the bell
stehen	to stand
bringen	to bring

kommen	to come
schicken	to send
bekommen	to get, receive
danken	to thank
geben	to give
er gibt	he gives
heiss	hot
frisch	fresh
fertig	ready
schnell	quick
hart	hard
weich	soft
wunderbar	wonderful
endlich	at last
nirgends	nowhere
draussen	outside
vielleicht	perhaps
hoffentlich	it is to be hoped
wieder	again
genug	enough
so	so
da	there
ohne	without
um	round
durch	through
für	for
mit	with

ZUM LERNEN

Kommen Sie herein!	Come in!
Es klingelt.	There is a ring at the door.
Es ist acht Uhr morgens.	It is eight o'clock in the morning.
Danke.	Thank you.
Danke schön.	Thank you very much.
Was steht darin?	What does it say? (referring to telegrams, letters, etc.)
Am Sonntag.	On Sunday.

GRAMMAR

1. Personal pronouns.

Nominative case		*Accusative case*	
ich	I	mich	me
du	thou (familiar form)	dich	you (familiar form)
er	he	ihn	him
sie	she	sie	her
es	it	es	it
wir	we	uns	us
ihr	you (familiar form)	euch	you (familiar form)
Sie	you (formal form)	Sie	you (formal form)
sie	they	sie	them

Examples:

Ich sehe ihn.	I see him.
Er sieht uns.	He sees us.

When a pronoun is the **direct object** (*accusative case*) it must agree in gender with the noun for which it stands.

Examples:

Die Mutter kauft **den** Kuchen, und das Kind isst **ihn.**
Der Vater sucht **die** Mütze. Er findet **sie** bald im Wohnzimmer.
Klaus nimmt **das** Buch und liest **es.**

2. Prepositions governing the accusative case.

Durch, für, ohne and **um** always require the **accusative case.**

Examples:

Er geht durch **den** Garten.	He goes through *the* garden.
Das Buch ist für **den** Sohn.	The book is for *the* son.
Sie kommt ohne **ihren** Hund.	She comes without *her* dog.
Sie sitzen um **den** Tisch.	They are sitting round *the* table.

3. In German a question is formed by inversion of the subject and verb.

Examples:

Hat er einen Garten?	Has he a garden?
Sprechen Sie Deutsch?	Do you speak German?

The **formal imperative** is formed in the same way.

Examples:

Sprechen Sie laut!	Speak aloud!
Kommen Sie herein!	Come in!
Nehmen Sie das Buch!	Take the book!
Öffnen Sie die Tür!	Open the door!

The **familiar imperative** omits the personal pronouns *du* and *ihr* and adds **e** to the stem in the singular; the e, however, may be dropped.

Examples:

Singular	*Plural*
komm(e)!	kommt!
ruf(e)!	ruft!
lauf(e)!	lauft!

Verbs with vowel change in the 2nd and 3rd person singular have the same vowel change in the singular of the familiar imperative.

Examples:

Singular	*Plural*
nimm!	nehmt!
iss!	esst!
gib!	gebt!
lies!	lest!

AUFGABEN

1. Beantworten Sie folgende Fragen:

(1) Wer ruft die Kinder?
(2) Was sucht Hannelore?
(3) Wo findet sie ihren Kamm?
(4) Wer hat ihn?

(5) Wer sucht seine Mütze?
(6) Wo findet er sie?
(7) Was machen alle im Speisezimmer?
(8) Was trinken sie?
(9) Was essen sie?
(10) Wer klingelt?
(11) Was bringt der Briefträger?
(12) Was bekommt er?

2. Form sentences with the following pronouns and translate them into English:

er, sie (3rd person plural), mich, ihn, uns, Sie, sie (3rd person singular)

3. Replace nouns by pronouns:

Examples: Hannelore sucht den Kamm. Sie sucht ihn.

(1) Klaus ruft den Hund.
(2) Der Vater trifft seine Tochter.
(3) Der Hund frisst den Kuchen.
(4) Die Mutter nimmt die Marmelade.
(5) Der Briefträger bringt das Telegramm.
(6) Der Grossvater öffnet die Tür.
(7) Der Onkel isst ein Ei.
(8) Der Schwiegervater findet seine Mütze.

4. Give the imperative of the following verbs:

Example: Suche! Sucht! Suchen Sie!

Bleiben, kommen, trinken, öffnen, nehmen, sprechen, geben, sehen.

5. Translate into English:

(1) Hannelore findet nirgends ihren Kamm.
(2) Sie sucht ihn im Badezimmer.
(3) Klaus läuft schnell um das Haus.
(4) Wir essen Brötchen; sie sind sehr frisch.
(5) Das Geschenk ist nicht für mich, es ist für dich.
(6) Unser Freund sieht uns nicht.
(7) Er macht ohne seine Frau keinen Ausflug.
(8) Der Briefträger kommt am Montagmorgen; er bekommt ein Trinkgeld und verlässt das Haus.

LESSON 7

FRAU WINTER KAUFT OBST UND GEMÜSE

Heute geht Frau Winter auf den Markt. Sie braucht Obst und Gemüse. Sie nimmt ihre Einkaufstasche und geht auf den Markt. Heute braucht sie viel Obst. Klaus kommt heute mit Peter nach Hause. Peter ist sein Schulfreund. Er isst immer zwei oder drei Äpfel und eine oder zwei Bananen. Der Markt ist sehr nahe, und Frau Winter geht zu Fuss. Sie sieht dort Äpfel, Bananen, Orangen und Birnen. Heute ist das Gemüse auch sehr billig. Der Blumenkohl kostet nur fünfzig (50) Pfennig und der Salat nur dreissig (30) Pfennig.

„Wieviel kosten die Äpfel?"

„Neunzig (90) Pfennig das Kilo, gnädige Frau."

„Sind sie auch süss?"

„Ja natürlich, gnädige Frau, sie sind sehr süss!"

„Gut, geben Sie mir zwei Kilo Äpfel!"

„Die Birnen sind heute auch sehr gut und nur heute so billig, sie kosten nur siebzig (70) Pfennig das Kilo."

„Nun gut, geben Sie mir auch ein Kilo Birnen und ein Kilo Bananen. Bitte geben Sie mir auch einen Blumenkohl und einen Kopfsalat! Wieviel kostet das alles zusammen?"

2 Kilo Äpfel kosten	1 Mark 80 Pfennig
1 Kilo Birnen kostet	70 Pfennig
1 Kilo Bananen kostet	90 Pfennig
1 Blumenkohl 50 Pfennig und	
1 Kopfsalat 30 Pfennig, das macht	80 Pfennig

zusammen 4 Mark 20 Pfennig

Frau Winter sucht ihre Börse, aber sie findet sie nicht.

„O du lieber Himmel! Wo ist meine Börse? Hoffentlich ist sie zu Hause!"

„Das ist ein Pech, gnädige Frau! Wohnen Sie weit von hier?"

„Nein, ich wohne nicht weit von hier, aber ich habe nicht

viel Zeit, mein Sohn kommt bald nach Hause, und das Essen ist noch nicht fertig."

„Vielleicht kommen Sie morgen auf den Markt, gnädige Frau? Bezahlen Sie dann, ich sehe Sie oft hier."

„Danke schön und auf Wiedersehen!"

„Auf Wiedersehen, gnädige Frau!"

Vocabulary:

der Markt	market
der Schulfreund	school friend
der Apfel	apple
die Äpfel	apples
der Blumenkohl	cauliflower
der Salat	lettuce
der Kopfsalat	lettuce
die Einkaufstasche (n)	shopping bag
die Tasche (n)	bag
die Banane (n)	banana
die Aprikose (n)	apricot
die Orange (n)	orange
die Birne (n)	pear
die Börse (n)	purse
die Zeit (en)	time
das Obst	fruit
das Gemüse	vegetables
das Kilo	kilo
das Essen	food, meal
brauchen	to need, require
kosten	to cost
bezahlen	to pay for
kaufen	to buy
billig	cheap
süss	sweet
natürlich	naturally, of course
nah(e)	near
weit	far
viel	much

oder	or
auf	on
von	from
zusammen	together
morgen	to-morrow
dann	then
immer	always
manchmal	sometimes

ZUM LERNEN

Wieviel kostet das alles zusammen?	How much is that altogether?
Das macht zusammen eine Mark.	That costs one mark altogether.
Sie geht zu Fuss.	She walks (goes on foot).
Gnädige Frau	Madam.
Nun gut	Very well.
O du lieber Himmel!	Good heavens!
Das ist ein Pech!	How annoying! How unlucky!
Geben Sie mir!	Give me!
Wir sind zu Hause.	We are at home.
Wir gehen nach Hause.	We are going home.

GRAMMAR

1. Word order.

When anything other than the subject starts the sentence, then the subject follows the verb.

Examples:
Wir machen heute einen Ausflug.
Heute machen wir einen Ausflug.

Die Mutter liest manchmal die Zeitung.
Manchmal liest die Mutter die Zeitung.

Herr und Frau Winter sitzen am Abend im Wohnzimmer.
Am Abend sitzen Herr und Frau Winter im Wohnzimmer.

2. Plural of feminine nouns.

Most feminine nouns form their plural by adding **-n** or **-en** to the singular.

Examples:

Singular	*Plural*
die Familie	die Famili**en**
die Frau	die Frau**en**
die Zeitung	die Zeitung**en**
die Garage	die Garag**en**

Nouns already ending in -e, -er or -el, add only -n.

Feminine nouns of one syllable ending in a consonant add **-e** and take the Umlaut.

Examples:

Singular	*Plural*
die Wurst (sausage)	die Würste
die Nuss (nut)	die Nüsse

Two nouns form their plural by taking the Umlaut only:

Singular	*Plural*
die Mutter	die Mütter
die Tochter	die Töchter

3. Numerals.

13	dreizehn
14	vierzehn
15	fünfzehn
16	sechzehn
17	siebzehn
18	achtzehn
19	neunzehn
20	zwanzig
21	einundzwanzig
22	zweiundzwanzig
23	dreiundzwanzig
24	vierundzwanzig
25	fünfundzwanzig
26	sechsundzwanzig
27	siebenundzwanzig

28	achtundzwanzig
29	neunundzwanzig
30	dreissig
40	vierzig
50	fünfzig
60	sechzig
70	siebzig
80	achtzig
90	neunzig
100	hundert
101	hunderteins
332	dreihundertzweiunddreissig
1000	tausend

AUFGABEN

1. **Beantworten Sie folgende Fragen:**

   (1) Wohin geht Frau Winter?
   (2) Was sieht sie dort?
   (3) Was kauft sie?
   (4) Wieviel kosten die Birnen?
   (5) Was findet Frau Winter nicht?
   (6) Gehen Sie oft auf den Markt?
   (7) Was sehen Sie dort?
   (8) Ist das Obst in England billig?
   (9) Kaufen Sie oft Äpfel?
   (10) Gehen Sie oft zu Fuss?

2. **Read the following figures in German:**

   37, 187, 43, 91, 54, 88, 17, 64, 107, 334, 67, 864, 33, 734, 59, 87, 134, 413, 79, 19.

3. **Form the plural of the following nouns:**

   die Oberschule, die Zigarre, die Küche, die Mutter, die Abendschule, die Frau, die Tochter, die Familie, die Wurst, die Zeitung, die Minute, die Tür, die Zigarette, die Mütze, die Aprikose, die Börse, die Tasche, die Banane, die Nuss.

4. **Begin each sentence with the word(s) in italics:**
   (1) Klaus läuft *schnell* um das Haus.
   (2) Der Briefträger kommt *am Montagmorgen.*
   (3) Hannelore findet *endlich* ihren Kamm.
   (4) Die Kinder lesen *im Wohnzimmer.*
   (5) Das Frühstück ist *schon lange* fertig.
   (6) Onkel Karl bringt *hoffentlich* ein Geschenk mit.
   (7) Sie sehen *nach fünf Minuten* ein Café.
   (8) Die Küche ist *im Winter* sehr kalt.

5. **Translate into English:**
   (1) Manchmal geht Frau Winter auf den Markt.
   (2) Sie braucht oft Obst und Gemüse.
   (3) Heute ist das Obst und auch das Gemüse sehr billig.
   (4) Frau Winter kauft zwei Kilo Birnen und ein Kilo Aprikosen.
   (5) O du lieber Himmel, wo habe ich meine Börse?
   (6) Frau Winter hat nicht viel Zeit, ihr Sohn kommt bald nach Hause.
   (7) Wieviel kostet ein Kilo Orangen?-Neunzig Pfennig, gnädige Frau.
   (8) Geben Sie mir bitte auch ein Kilo Bananen und einen Blumenkohl!

LESSON 8

EIN SPAZIERGANG

Klaus und Hannelore haben den ganzen Nachmittag frei. Das Wetter ist sehr schön, und der leichte Wind ist sehr angenehm. Die beiden Kinder machen einen Spaziergang. Sie gehen in den berühmten Palmengarten und bewundern dort die Blumen. Die roten Rosen sind besonders schön. Plötzlich kommt ein Junge und pflückt Blumen, aber das ist verboten. Klaus ist sehr böse und ruft: „Was machst du da? Du bist ein Dieb!" Hannelore ruft den alten Gärtner. Der alte Gärtner kommt sofort, aber der kleine Knabe läuft weg. Klaus und Hannelore laufen schnell und fangen ihn bald. Der kleine Junge weint, und der alte Gärtner warnt ihn: „Wenn du das nochmal machst, rufe ich die Polizei. Wo ist deine Mutter? Ist sie hier?"

„Nein," antwortet der kleine Knabe, „meine Mutter ist zu Hause, und morgen ist ihr Geburtstag. Ich habe kein Geld und ich brauche die schönen Blumen für sie."

Der Gärtner nimmt die Blumen weg und fragt:

„Wie heisst du?"

„Ich heisse Helmut Klein."

„Wo wohnst du?"

„Ulmstrasse 3."

„Wie alt bist du?"

„Ich bin sechs Jahre alt."

„Du bist sehr unartig; es ist hier verboten, Blumen zu pflücken."

„Es tut mir leid, Herr Gärtner," sagt der kleine Knabe, „ich mache es nie wieder, ich verspreche es!" und der kleine Knabe weint bitterlich.

Hannelore sagt:

„Weine nicht, hier ist eine Mark, kaufe Blumen für deine Mutter!"

Der kleine Knabe ist sehr glücklich, dankt Hannelore und läuft weg.

„Hast du zuviel Geld? Eine Mark ist mein Taschengeld für eine Woche," sagt Klaus.

„Nein, ich habe nicht zu viel Geld, aber der kleine Junge ist jetzt glücklich," antwortet seine Schwester.

„Ich bin nun sehr durstig, Hannelore," sagt Klaus.

„Ja, ich bin auch sehr durstig," antwortet sie, „das neue Café ist nicht weit von hier."

Bald sehen sie das neue, grosse Café und gehen hinein. Klaus bestellt zwei Glas Limonade. Die kalte Limonade ist sehr gut. Hannelore fragt:

„Klaus, zahlst du für die Limonade? Ich habe kein Taschengeld mehr; der kleine Junge hat es."

Vocabulary:

der Nachmittag	afternoon
der Wind	wind
der Junge	boy
der Knabe	boy
der Palmgarten	Palmgarden
der Gärtner	gardener
der Dieb	thief
die Blume (n)	flower
die Polizei (no plural)	police
die Limonade (n)	lemonade
die Rose (n)	rose
die Woche (n)	week
das Wetter	weather
das Geld	money
das Taschengeld	pocket money
versprechen	to promise
bewundern	to admire
pflücken	to pluck, pick
fangen	to catch

weinen	to weep, cry
warnen	to warn
antworten	to answer
bestellen	to order
zahlen	to pay
frei	free
leicht	mild
angenehm	pleasant
berühmt	famous
böse	angry
glücklich	happy
kalt	cold
gut	good, well
rot	red
durstig	thirsty
neu	new
verboten	forbidden
plötzlich	sudden(ly)
sofort	immediately
besonders	especially
nochmal	once again
nie wieder	never again
weg	away
hinein	in, into
bitterlich	bitterly
zu viel	too much
mehr	more
wenn	if

ZUM LERNEN

Die beiden Kinder machen einen Spaziergang.	The two children take a walk.
Es tut mir leid.	I am sorry.
Wie heissen Sie? (formal form)	What is your name?
Wie heisst du? (familiar form)	What is your name?

GRAMMAR

Declension of adjectives.

When an adjective precedes the noun in the nominative and it is also preceded by the definite article, then the adjective must end in **-e** for all three genders.

Examples:

der gut**e** Kuchen die alt**e** Frau das weich**e** Ei

If, however, a masculine noun is in the accusative, the adjective must end in **-en,** but it does not change for the feminine and neuter accusative.

Examples:

Er trinkt den gut**en** Kaffee.
Ich besuche die alt**e** Frau.
Wir sehen das schön**e** Haus.

In the **plural** the adjective takes the ending **-en** in all cases when preceded by the definite article.

die gut**en** Kuchen die alt**en** Frauen die weich**en** Eier

AUFGABEN

1. **Beantworten Sie folgende Fragen:**
   (1) Wie ist das Wetter?
   (2) Was machen Klaus und Hannelore?
   (3) Was sehen Klaus und Hannelore?
   (4) Wer pflückt die Blumen?
   (5) Was ist verboten?
   (6) Wen warnt der Gärtner?
   (7) Was sagt der kleine Junge?
   (8) Für wen braucht er die Blumen?
   (9) Hat Hannelore viel Taschengeld?
   (10) Wohin gehen Klaus und Hannelore?
   (11) Sind sie durstig?
   (12) Machen Sie oft einen Spaziergang?

2. Complete with the correct ending of the adjective:

(1) Der alt.... Gärtner arbeitet im Palmengarten.

(2) Der klein....Junge ist sehr unartig.

(3) Das neu....Café ist sehr gemütlich.

(4) Die kalt....Limonade schmeckt sehr gut.

(5) Die jung....Frauen lesen die neu....Zeitungen.

(6) Das klein....Kind spielt im Wohnzimmer.

(7) Klaus trinkt die heiss....Milch nicht.

(8) Der alt....Grossvater geht durch den schön.... Garten.

(9) Das gross....Speisezimmer ist sehr kalt.

(10) Das weich....Ei ist für das klein....Kind.

(11) Die klein....Kinder laufen um das gross....Haus.

(12) Die frisch....Brötchen sind für die klein....Kinder.

3. Translate into English:

(1) Wir gehen in den berühmten Palmengarten.

(2) Es tut mir leid, gnädige Frau, aber wir haben keine Aprikosen.

(3) Der kleine Junge weint bitterlich: er hat kein Taschengeld mehr.

(4) Bitte bestellen Sie für mich ein Glas Limonade!

(5) Die kalte Limonade schmeckt gut.

(6) Der alte Gärtner ist sehr böse und sagt:
„Du bist sehr unartig. Pflücke hier keine Blumen, gehe sofort nach Hause und mache es nie wieder!"

(7) Klaus und Hannelore gehen in das neue, gemütliche Café.

(8) Herr Winter liest den ganzen Nachmittag im Arbeitszimmer.

(9) Plötzlich kommt Klaus nach Hause und sagt:
„Vater, das Wetter ist so schön: ich mache mit Hannelore einen Spaziergang."

(10) Der Grossvater zahlt für die schönen Rosen.

LESSON 9

IM ZUGE

Herr Winter macht eine Geschäftsreise nach Köln. Er fährt um acht Uhr mit dem Schnellzug von Frankfurt nach Köln. Er steigt in den Zug ein und sucht einen Platz. In einem Abteil sitzt nur ein Herr. Herr Winter macht die Tür auf und fragt:

„Bitte, ist hier ein Platz frei?"

„Ja natürlich, ich bin hier ganz allein."

„Danke schön."

Herr Winter geht in das Abteil und nimmt Platz. Der Zug fährt ab. Herr Winter nimmt seine Zeitung und liest.

„Rauchen Sie?" fragt der andere Herr und bietet Herrn Winter eine Zigarette an.

„Ja, danke sehr!"

„Wie lange fahren wir noch bis Köln?" fragt der andere Herr.

„Noch ungefähr eine Stunde," antwortet Herr Winter.

„Hoffentlich," sagt der Herr, „ich bin schon sehr müde, und ich fahre noch bis Ostende. Ich fahre nach England zurück, ich bin auf Urlaub in Deutschland."

„O, Sie sind Engländer! Wie nett, und Sie sprechen sehr gut Deutsch. Leider spreche ich nicht so gut Englisch. Erlauben Sie mir, dass ich mich vorstelle, mein Name ist Winter."

„Es freut mich, Herr Winter, mein Name ist Walker. Hoffentlich ist mein Deutsch so gut, wie Sie sagen. Ich lerne schon sehr lange Deutsch in der Abendschule, und ich finde es manchmal sehr schwer. Ich denke oft, ich lerne es nie, aber mit etwas Geduld da geht es wieder."

Herr Winter lacht laut.

„Das ist ein Zufall, ich lerne Englisch in der Abendschule, und ich denke oft genau wie Sie. Ich finde Englisch sehr schwer.

Oft denke ich, nur ich bin so dumm, aber andere Leute haben
auch Schwierigkeiten."
Mr. Walker lacht auch laut.
„Ja, ich denke das auch oft: Dativ, Akkusativ, Präposi-
tionen und die Grammatik; manchmal ist es wirklich sehr
schwer. Herr Winter, ich gebe Ihnen meine Adresse, schreiben
Sie bitte einmal, aber auf Englisch, und ich schreibe Ihnen auf
Deutsch, so lernen wir beide etwas."
„Das ist eine gute Idee, Mr. Walker. Ich schreibe Ihnen
nächsten Sonntag einen Brief."
„Ja, machen Sie das, und schreiben Sie oft!"
Der Zug kommt in Köln an.
„Leider steige ich hier aus, Mr. Walker! Kommen Sie gut
nach Hause und schreiben Sie bald!"
„Danke, Herr Winter, vielleicht sehen wir uns wieder."
„Hoffentlich, auf Wiedersehen, Mr. Walker!"
„Auf Wiedersehen, Herr Winter!"

Vocabulary:

der Zug	train
der Schnellzug	express train
der Urlaub	holiday
der Engländer	Englishman
der Zufall	coincidence
der Brief	letter
der Name	name
die Geschäftsreise (n)	business trip
die Geduld (no plural)	patience
die Schwierigkeit (en)	difficulty
die Grammatik (en)	grammar
die Adresse (n)	address
die Idee (n)	idea
die Leute (plural only)	people
das Abteil	compartment
(das) Deutschland	Germany
Köln	Cologne
Ostende	Ostend

aufmachen (sep)*	to open
abfahren (sep)	to depart
einsteigen (sep)	to get in, to board
aussteigen (sep)	to get off, alight
anbieten (sep)	to offer
ankommen (sep)	to arrive
einkaufen (sep)	to shop
denken	to think
helfen	to help
senden	to send
schreiben	to write
allein	alone
ander	other
dumm	stupid, silly
müde	tired
nächst	next
genau	exactly
ungefähr	approximately, about
leider	unfortunately
einmal	sometime, once
zurück	back
wie	how, like, as
uns	us, each other
das	that
etwas	some, something
bis	until
bei	at, near
mit	with
nach	to, after
von	from, of
zu	to

* (sep) = separable verb

ZUM LERNEN

Erlauben Sie mir, dass ich mich vorstelle.	Allow me to introduce myself.
Es freut mich.	I am pleased (to know you).

Auf Englisch.	In English.
Auf Deutsch.	In German.
Ich schreibe Ihnen einen Brief.	I am writing a letter to you.

GRAMMAR

1. The Dative Case (Indirect Object).

In German the dative case is used with verbs such as:
helfen, geben, schicken, danken, anbieten, senden.
There are others, but these will be dealt with later.

Examples:

Der Vater gibt   **dem** Sohn   **einen** Apfel
Nom.=subject   dat.=ind. object   acc.=direct obj.

Die Tochter hilft   **der** Mutter

The following prepositions also govern the dative case:
bei, mit, nach, von, zu.

Examples:

Bei **dem** Haus ist ein Garten.
Er fährt **mit** dem Zug.
Nach **dem** Abendessen hören wir das Radio.
Er bekommt ein Geschenk von **dem** Onkel.
Hannelore geht zu **der** Mutter.

The dative case of the definite article is **dem** for the masculine and neuter, **der** for the feminine.

	Masculine	Feminine	Neuter
Nom.	der Vater	die Mutter	das Kind
Acc.	den Vater	die Mutter	das Kind
Dat.	*dem* Vater	*der* Mutter	*dem* Kind

The dative case of the indefinite article is **einem** for the masculine and neuter, and **einer** for the feminine.

The possessive adjectives mein, dein, sein, etc., and kein are declined as the indefinite article.

	Masculine	Feminine	Neuter
Nom.	ein Vater	eine Mutter	ein Kind
Acc.	einen Vater	eine Mutter	ein Kind
Dat.	*einem* Vater	*einer* Mutter	*einem* Kind

2. Some masculine nouns add -N in the accusative and dative.

Nom.	der Herr	der Junge	der Knabe
Acc.	den Herrn	den Jungen	den Knaben
Dat.	dem Herrn	dem Jungen	dem Knaben

3. Separable verbs.

In German there are some verbs with separable prefixes. These prefixes are separated from the verb and go to the end of the sentence.

Examples:

Ich **kaufe** auf dem Markt **ein.**	I shop on the market.
Er **macht** die Tür **auf.**	He opens the door.
Der Zug **fährt ab.**	The train leaves.

AUFGABEN

1. **Beantworten Sie folgende Fragen:**
   (1) Was macht Herr Winter?
   (2) Wohin fährt Mr. Walker?
   (3) Wer spricht sehr gut Deutsch?
   (4) Wem schreibt Herr Winter nächsten Sonntag?
   (5) Wer ist auf Urlaub in Deutschland?
   (6) Wer bietet Herrn Winter eine Zigarette an?
   (7) Machen Sie oft eine Geschäftsreise?
   (8) Wohin fahren Sie auf Urlaub?
   (9) Haben Sie Schwierigkeiten mit der Grammatik?
   (10) Schreiben Sie manchmal einen Brief nach Deutschland?

2. **Geben Sie die richtige Form des Verbs:**
   (1) Der Zug (abfahren).
   (2) Ich (einsteigen) in den Zug.
   (3) Frau Winter (einkaufen) oft auf dem Markt.
   (4) Klaus (aufmachen) das Fenster.
   (5) Er (aussteigen) aus dem Wagen.
   (6) Wir (aufmachen) die Tür.

(7) Herr Winter (anbieten) seiner Frau eine Zigarette.

(8) Sie (ankommen) um 10 Uhr morgens.

(9) Sie gehen in das Wohnzimmer und (aufmachen) das Fenster.

3. **Geben Sie die richtige Form:**

   (1) Ich sende (mein) Freund ein Telegramm.

   (2) Klaus fährt mit (der) Zug.

   (3) Wir danken (der) Onkel für das Geschenk.

   (4) Der Vater gibt (der) Sohn ein Buch.

   (5) Hannelore hilft (die) Mutter.

   (6) Das Kind spricht mit (der) Hund.

   (7) Die Mutter bekommt von (der) Grossvater einen Brief.

   (8) Der Junge geht zu (die)Grossmutter.

   (9) Herr Winter schickt (seine) Frau schöne Blumen.

   (10) Ich biete (mein) Freund eine Zigarette an.

4. **Übersetzen Sie ins Englische:**

   (1) Der Zug fährt um acht Uhr ab.

   (2) Sie steigen alle aus dem Wagen aus.

   (3) Er bietet seinem Grossvater eine Zigarre an.

   (4) Ich gehe oft auf den Markt und kaufe Obst und Gemüse.

   (5) Der Junge hat mit der Grammatik Schwierigkeiten.

   (6) Herr Winter schreibt seinem Freund einen Brief.

   (7) Herr Schiller fährt mit dem Zug nach München.

   (8) Wir fahren bald nach England.

WIEDERHOLUNG

FRAU BECKER BESUCHT FRAU WINTER

Heute ist Mittwoch, und es ist zehn Uhr morgens. Frau Winter sitzt im Wohnzimmer und liest die Morgenzeitung. Es klingelt. Frau Winter geht zu der Tür und öffnet sie. „O, Sie sind es, Frau Becker! Wie nett! Kommen Sie bitte herein!"

Sie gehen in das Wohnzimmer.

„Bitte nehmen Sie Platz, Frau Becker!"

„Wie geht es Ihnen?" fragt Frau Becker.

„Danke, es geht mir sehr gut, und wie geht es Ihnen?"

„Danke, sehr gut, Frau Winter. Was machen Sie immer? Ich sehe Sie jetzt nicht sehr oft."

„Ich habe viel Arbeit im Hause; und was machen Sie den ganzen Tag, Frau Becker?"

„Nach dem Frühstück gehe ich manchmal mit meiner kleinen Tochter zu meiner Mutter, und ich habe auch viel Arbeit zu Hause. Ausserdem arbeite ich auch viel im Garten, mein Mann hat keine Zeit. Ich koche und backe auch viel für meine Familie."

„Darf ich Ihnen eine Tasse Kaffee anbieten, Frau Becker?"

„Ja, bitte."

Frau Winter geht in die Küche und kocht den Kaffee. Frau Becker nimmt die Zeitung und liest sie. Frau Winter bringt Kaffee und Kuchen.

„Nehmen Sie Milch und Zucker, Frau Becker?"

„Nur Milch bitte, aber keinen Zucker."

„Nehmen Sie auch ein Stück Kuchen, Frau Becker!"

Sie nimmt ein Stück Kuchen und sagt:

„Sie haben immer guten Kuchen, er schmeckt mir sehr."

„Gehen Sie jetzt oft auf den Markt, Frau Becker?"

„Nein, ich gehe nicht sehr oft, das Gemüse ist jetzt sehr teuer, und das Obst ist auch nicht so billig."

„Ja, das Obst ist sehr teuer, aber die Kinder brauchen das frische Obst."

„Ihr Kaffee ist wirklich sehr gut. Vielen Dank. Wann besuchen Sie mich, Frau Winter?"

„Vielleicht komme ich morgen. Hoffentlich habe ich genug Zeit. Dann plaudern wir wieder."

„Ja, besuchen Sie mich morgen; jetzt habe ich nicht viel Zeit, die Kinder kommen bald nach Hause, und das Essen ist noch nicht fertig. Auf Wiedersehen, Frau Winter, und ich danke schön für Ihren guten Kaffee!"

„Auf Wiedersehen, Frau Becker!"

Frau Winter schliesst die Tür und geht in die Küche. Dort kocht sie das Essen für ihre Familie.

Vocabulary:

der Montag	Monday	
„ Dienstag	Tuesday	
„ Mittwoch	Wednesday	
„ Donnerstag	Thursday	
„ Freitag	Friday	
„ Sonnabend	} Saturday	
„ Samstag		
„ Sonntag	Sunday	
der Fernsehapparat	television set	
die Wiederholung (en)	revision, repetition	
die Arbeit (en)	work, employment	
das Stück	piece	
backen	to bake	
nett	nice, pretty	
teuer	dear, expensive	
wirklich	really	
ausserdem	besides	
wann?	when?	

ZUM LERNEN

Darf ich Ihnen eine Tasse Kaffee anbieten?	May I offer you a cup of coffee?

AUFGABEN

1. **Ask each other the following questions in German:**
   (1) Wo wohnen Sie?
   (2) Welche Schule besuchen Sie?
   (3) Was lernen Sie?
   (4) Finden Sie Deutsch schwer?
   (5) Haben Sie einen Wagen und eine Garage?
   (6) Rauchen Sie?
   (7) Haben Sie ein Radio und einen Fernsehapparat?
   (8) Welche Zeitung lesen Sie nach dem Frühstück?
   (9) Wie geht es Ihnen?
   (10) Trinken Sie Tee mit Milch und Zucker?
   (11) Haben Sie einen Garten?
   (12) Gehen Sie oft auf den Markt?

2. **Geben Sie die richtige Form des Verbs:**
   (1) Er (haben) drei Kinder.
   (2) Mein Vater (lesen) die Zeitung.
   (3) Klaus (nehmen) eine Banane.
   (4) Herr Winter (treffen) seinen Freund.
   (5) Wir (sein) im Wohnzimmer.
   (6) Was (sehen) du?
   (7) Der Hund (fressen) ein Brötchen.
   (8) Die Tochter (sitzen) im Speisezimmer.
   (9) Peter (finden) sein Buch.
   (10) Was (essen) er?
   (11) Die Äpfel (sein) sehr süss.
   (12) (Kommen) Sie morgen!

3. **Replace the nouns by pronouns:**
   (1) Klaus kauft das Buch.
   (2) Die Mutter öffnet die Tür.

(3) Die Kinder trinken den Kaffee.
(4) Der Briefträger bringt einen Brief.
(5) Frau Winter kauft Birnen.
(6) Der Mann bekommt ein Trinkgeld.
(7) Hannelore und Klaus essen Bananen.
(8) Frau Winter braucht einen Blumenkohl.

4. **Ergänzen Sie:**

(1) D....gross....Junge liest d....neu....Buch.
(2) D....klein....Kind ruft d....alt....Gärtner.
(3) D....warm....Wohnzimmer ist sehr gemütlich.
(4) D....beid....Kinder trinken d....kalt....Limonade.
(5) D....jung....Frau kocht d....Essen.
(6) D....gross....Markt ist nicht weit von hier.
(7) Wir bewundern d....rot....Rosen.
(8) Sie essen d....süss....Birnen.
(9) Nach d....Frühstück lese ich d....Zeitung.
(10) Er geht mit sein....Tochter durch d....Park.
(11) Ich bekomme von mein....Onkel ein Geschenk.
(12) Das nett....Kind läuft zu d....Mutter.

5. **Lesen Sie auf Deutsch:**

14, 73, 36, 192, 763, 824, 93, 134, 619, 223, 962, 384, 279, 815, 381, 419, 531, 887.

6. Give a brief description of your own house (in German) using the vocabulary of Lesson 2, or any other words you know.

7. Give 10 masculine, 10 feminine and 10 neuter nouns complete with the definite article in each case.

LESSON 11

HANNELORE HAT GEBURTSTAG

Heute ist Sonntag. Herr Winter ist wieder von seiner Geschäftsreise zurück. Hannelore hat Geburtstag. Vor dem Frühstück bekommt sie Geschenke. Von ihrem Vater bekommt sie zwei Bücher, von ihrer Mutter eine schöne Bluse und sechs bunte Taschentücher und von ihrem Bruder einen sehr guten Füllhalter. Hannelore ist froh. Sie legt die Geschenke auf einen kleinen Tisch. Auf dem kleinen Tisch steht auch eine Vase mit schönen Blumen. Nach dem Frühstück gehen alle in die Kirche. Es sind sehr viele Leute in der Kirche. Nach dem Gottesdienst verlässt die Familie Winter die Kirche und fährt zum Bahnhof. Der Vater kauft Bahnsteigkarten für alle, und sie gehen auf den Bahnsteig. Auf dem Bahnsteig wartet Hannelore sehr ungeduldig auf ihren Onkel. Sein Zug kommt zwanzig Minuten nach zwölf an. Er steigt aus und sieht gleich die Familie.

Onkel Karl führt die Familie in ein gemütliches Restaurant, und sie essen da zu Mittag; sie trinken auch Wein. Onkel Karl zahlt. In dem Restaurant gibt er auch seiner Nichte schöne Geschenke: eine grosse Schachtel Pralinen, einen warmen Pullover und zehn Mark. Hannelore ist sehr froh und dankt ihrem Onkel.

Nach dem Mittagessen führt der Onkel die Familie in den Tiergarten. Viele Leute spazieren im Tiergarten. Sie kaufen Brötchen und Nüsse und füttern die Tiere.

„O, Mutti, das Tier da ist so komisch! Es frisst eine grosse Banane. Ist das ein Affe?" fragt ein kleiner Knabe. Hannelore und Klaus lachen und füttern die Affen.

Um fünf Uhr führt Onkel Karl Hannelore und Klaus ins Kino. Herr und Frau Winter gehen nicht ins Kino, sie fahren nach Hause. Im Kino sind auch sehr viele Leute, und es ist dort sehr warm.

Vocabulary:

der Bruder	brother
der Bahnhof	railway station
der Wein	wine
der Tiergarten	zoo
der Affe	monkey, ape
der Tisch	table
der Pullover	pullover
der Gottesdienst	divine service
die Bluse (n)	blouse
der Füllhalter	fountain pen
die Vase (n)	vase
die Kirche (n)	church
die Bahnsteigkarte (n)	platform-ticket
die Schachtel (n)	box
die Nichte (n)	niece
die Nuss (¨e)	nut
die Praline (n)	chocolate sweet
das Taschentuch	handkerchief
das Mittagessen	lunch
das Restaurant	restaurant
das Kino	cinema
das Tier	animal
warten	to wait
warten auf (acc.)	to wait for
legen	to put
führen	to lead, to take to a place
spazieren	to stroll
füttern	to feed (animals and babies only)
froh	glad, happy
bunt	colourful, gay coloured
blau	blue
gleich	at once
ungeduldig	impatient
komisch	funny, comical

ZUM LERNEN

zu Mittag essen	to have lunch
um fünf Uhr	at five o'clock
um wieviel Uhr?	at what time?
20 Minuten nach zwölf	20 minutes past 12
es ist	there is
es sind	there are

GRAMMATIK

1. Declension of adjectives (continued)

(a) *when preceded by the definite article*

Nom.
der kleine Tisch　　die kleine Vase　　das kleine Zimmer

Acc.
den kleinen Tisch　die kleine Vase　　das kleine Zimmer

Dat.
dem kleinen Tisch　der kleinen Vase　dem kleinen Zimmer

(b) *when preceded by the indefinite article*

Nom.
ein kleiner Tisch　　eine kleine Vase　　ein kleines Zimmer

Acc.
einen kleinen Tisch　eine kleine Vase　ein kleines Zimmer

Dat.
einem kleinen Tisch　einer kleinen Vase　einem kleinen
　　　　　　　　　　　　　　　　　　　　　　Zimmer

*This rule also applies when the adjective is preceded by the possessive
adjectives: mein, dein, sein, etc.*

Nom.
mein guter Vater　　ihre neue Bluse　　unser neues Haus

Acc.
meinen guten Vater　ihre neue Bluse　　unser neues Haus

Dat.
meinem guten Vater　ihrer neuen Bluse　unserem neuen
　　　　　　　　　　　　　　　　　　　　　　Haus

2. The prepositions 'in' and 'auf' govern the accusative case when they indicate motion to a place, but govern the dative case when they indicate rest or motion within a place.

Examples:

Wir gehen in **die** Küche.	We go into the kitchen.
Wir sind in **der** Küche.	We are in the kitchen.
Die Mutter geht in **den** Garten.	The mother goes into the garden.
Die Mutter sitzt in **dem** Garten.	The mother sits in the garden.
Ich lege das Buch auf **den** Tisch.	I put the book on the table.
Das Buch ist auf **dem** Tisch.	The book is on the table.

There are also other prepositions used in the same way, but these will be dealt with later.

When the preposition **auf** is used with the verb **warten** then the accusative case is required:

Examples:

Er wartet auf **den** Sohn.	He waits for the son.
Hannelore wartet auf **ihre** Mutter.	Hannelore waits for her mother.

3. Contractions.

in das=ins   in dem=im   zu dem=zum   zu der=zur

Examples:

Sie gehen ins (*in das*) Kino.
Wir lesen im (*in dem*) Wohnzimmer.
Er fährt zum (*zu dem*) Grossvater.
Sie geht zur (*zu der*) Grossmutter.

AUFGABEN

1. Beantworten Sie folgende Fragen:

(1) Wann hat Hannelore Geburtstag?
(2) Was bekommt sie von ihrem Vater, von ihrer Mutter und von ihrem Bruder?

(3) Wohin gehen alle nach dem Frühstück?
(4) Wann fahren sie zum Bahnhof?
(5) Um wieviel Uhr kommt der Zug mit Onkel Karl an?
(6) Wohin führt er die Familie?
(7) Was machen sie im Restaurant?
(8) Was bekommt Hannelore von ihrem Onkel?
(9) Wohin führt der Onkel die Familie nach dem Mittagessen?
(10) Was fressen die Affen im Tiergarten?
(11) Wann führt der Onkel Klaus und Hannelore ins Kino?
(12) Gehen Sie oft ins Kino?

2. **Use the right case with the following prepositions:**
   (1) Herr Winter führt seinen Freund in d.... Restaurant.
   (2) Viele Leute wohnen in d.... Haus.
   (3) Die Kinder füttern die Tiere in d.... Tiergarten.
   (4) Wir gehen heute in d.... Kirche.
   (5) Die Mutter kocht in d.... Küche.
   (6) Sie sitzen in d.... Kino und lachen.
   (7) Klaus geht in d.... Garten.
   (8) Onkel Karl legt die Mütze auf d.... Tisch.
   (9) Die Vase steht auf d.... Tisch.
   (10) Klaus wartet auf sein.... Freund.

3. **Ergänzen Sie:**
   (1) Die Mutter hilft d.... Kind.
   (2) Ich sende mein.... Freund ei.... Buch.
   (3) Der Vater gibt d.... Sohn ei.... Füllhalter.
   (4) Sie gibt d.... Tochter ei.... Apfel.
   (5) Er dankt d.... Onkel für d.... Geschenk.
   (6) Der Grossvater bietet sein.... Sohn ei.... Zigarette an.

4. **Übersetzen Sie ins Englische:**
   (1) Die Mutter kocht für die Familie das Mittagessen.
   (2) Am Sonntag gehen wir in die alte Kirche.

(3) Hannelore bekommt viele Geschenke: eine grosse Schachtel Pralinen, drei schöne Blusen, einen guten Füllhalter, zwei Bücher und viele Blumen.

(4) Wir besuchen oft den Tiergarten; die Kinder kaufen frische Brötchen und Nüsse und füttern die Tiere.

(5) Ein kleiner Affe ist sehr komisch; er frisst eine grosse Banane.

(6) Wir kaufen Bahnsteigkarten und gehen auf den Bahnsteig.

(7) Auf dem Bahnsteig warten wir ungeduldig auf den Zug.

(8) Der Zug kommt um zwölf Uhr an.

(9) Ich habe oft Schwierigkeiten mit der Grammatik.

(10) Darf ich Ihnen meine Frau vorstellen?

LESSON 12

AM BAHNHOF

Mr. Martin, ein Geschäftsmann aus England, verbringt drei Tage in Düsseldorf. Am Freitag will er nach Köln fahren. Nach dem Frühstück geht er auf den Bahnhof und sucht das Auskunftsbüro. In der Bahnhofshalle findet er es und geht hinein. Mr. Martin geht an den Schalter, um Auskunft zu bekommen.

„Ich muss nach Köln fahren, um wieviel Uhr fährt ein Zug nach Köln ab?" fragt er den Beamten. Der Beamte nimmt den Fahrplan, schlägt den Zug nach und sagt: „Der nächste Zug nach Köln fährt um 12.30 (zwölf Uhr dreissig) vom Bahnsteig 4 ab. Es ist ein Schnellzug. Sie müssen eine Zuschlagskarte lösen."

„Da muss ich noch zwei Stunden warten. Wo ist der Gepäckschalter? Dann kann ich meinen Koffer zur Aufbewahrung abgeben."

Der Beamte erklärt alles, und Mr. Martin dankt dem Beamten und verlässt das Auskunftsbüro. In der Halle findet er den Gepäckschalter und gibt seinen Koffer, seinen Mantel und seinen Regenschirm zur Aufbewahrung ab. Er bekommt drei Gepäckscheine. Dann geht er an den Fahrkartenschalter, um eine einfache Fahrkarte zweiter Klasse nach Köln zu lösen und sagt:

„Einmal Köln zweiter Klasse mit D-Zugzuschlag."

Er nimmt keine Rückfahrkarte, denn er will nicht nach Düsseldorf zurückkehren.

Dann geht er in den Erfrischungsraum, um dort zwei Stunden zu verbringen. Er bestellt Kaffee, ein mit Wurst belegtes Brot und ein Brötchen mit Käse. Er trinkt, isst und liest eine englische Zeitung.

Am Nebentisch sitzt eine deutsche Familie. Die Kinder sprechen sehr laut und lachen viel. Mr. Martin sieht hinüber und erkennt Herrn Schmidt, einen guten alten Freund.

„Guten Morgen, Herr Schmidt, es freut mich, Sie hier zu sehen!"

„Guten Morgen, Mr. Martin! Was machen Sie hier in Deutschland? Darf ich Ihnen meine Frau und meine Kinder vorstellen?"

„Das ist eine angenehme Überraschung, Sie hier zu treffen," sagt Mr. Martin.

„Wollen Sie sich nicht an unseren Tisch setzen? Dann können wir gemütlich plaudern."

„Danke, Herr Schmidt, ich habe gerade noch eine Stunde Zeit. Wohin fahren Sie?"

„Wir fahren nach Osnabrück, um meinen Vater zu seinem Geburtstag zu besuchen. Wir wollen das Wochenende bei ihm verbringen. Und wohin fahren Sie, Mr. Martin?"

„Ich fahre geschäftlich nach Köln, bald muss ich nach England zurück."

Mr. Martin plaudert mit seinen deutschen Freunden. Nach zwölf Uhr steht er auf und wünscht ihnen eine angenehme Reise. Dann holt er sein Gepäck ab.

Nachher kann er seinen Bahnsteig nicht finden. Er fragt einen Gepäckträger:

„Wo ist Bahnsteig 4 bitte?"

Der Gepäckträger ist sehr beschäftigt, aber er antwortet:

„Rechts von der Sperre."

Mr. Martin geht durch die Sperre, weist seine Fahrkarte vor, findet seinen Zug schon auf dem Bahnsteig und steigt in ein Raucherabteil ein.

Vocabulary:

der Geschäftsmann	business man
der Schalter	counter
der Beamte	official
der Fahrplan	time-table
der Bahnsteig	platform
der Gepäckschalter	left luggage office
der Koffer	suitcase
der Mantel	overcoat
der Regenschirm	umbrella

der Gepäckschein	luggage ticket
der Fahrkartenschalter	booking-office
der D-Zug	express train
der Zuschlag	additional charge
der Erfrischungsraum	refreshment room
der Käse	cheese
der Nebentisch	next table

die Bahnhofshalle (n)	station hall
die Auskunft (··e)	information
die Zuschlagskarte (n)	additional ticket
die Fahrkarte (n)	ticket (train)
die Klasse (n)	class
die Rückfahrkarte (n)	return ticket
die Überraschung (en)	surprise
die Sperre (n)	barrier
die Wurst (··e)	sausage
die Reise (n)	journey

das Auskunftsbüro	inquiry office
das Brot	bread
das belegte Brot	open sandwich
das Wochenende	week-end
das Gepäck	luggage
das Raucherabteil	smoking compartment

aufstehen (sep)	to get up
vorweisen (sep)	to show (forth), produce
nachschlagen (sep)	to look up (in a book)
abgeben (sep)	to give, to hand in
zurückkehren (sep)	to return
verbringen	to spend (time)
lösen	to buy (a ticket)
erklären	to explain
erkennen	to recognize
wünschen	to wish
einfach	single, simple
deutsch	German (adjective)
geschäftlich	on business

beschäftigt	busy
artig	well behaved
alles	everything
hinüber	across
gerade	just
nachher	afterwards

ZUM LERNEN

Das Gepäck zur Aufbewahrung abgeben.	To hand in the luggage at the left luggage office.
Eine einfache Fahrkarte zweiter Klasse	A single second class ticket.
Es freut mich, Sie hier zu sehen.	I am pleased to see you here.
Darf ich Ihnen meine Frau vorstellen?	May I introduce my wife?
Noch eine Stunde.	One more hour.
Rechts von der Sperre.	To the right of the barrier.
Guten Morgen.	Good morning.
Bei ihm.	At his house, with him.

GRAMMATIK

1. Modal verbs.

wollen will, want to	können can, be able to	müssen must, have to
ich will	kann	muss
du willst	kannst	musst
er will	kann	muss
sie will	kann	muss
es will	kann	muss
wir wollen	können	müssen
ihr wollt	könnt	müsst
Sie wollen	können	müssen
sie wollen	können	müssen

The modal verb is mainly used with the infinitive of a verb which takes its position at the end of the sentence.

Examples:

Wir müssen ein grosses Haus kaufen.	We have to buy a big house.
Er will in die Stadt gehen.	He wants to go to town.
Ich kann morgen kommen.	I can come to-morrow.
Die Kinder müssen artig sein.	The children must be good.

2. **The use of um . . . . zu,** in order to.

The following examples show how um . . . . zu should be used.

Ich gehe in das Wohnzimmer. Ich rauche eine Zigarette.
Ich gehe in das Wohnzimmer, um eine Zigarette zu rauchen.
I go into the living-room in order to smoke a cigarette.
Ich gehe ins Café. Ich treffe Freunde.
Ich gehe ins Café, um Freunde zu treffen.
I go into the café in order to meet friends.

3. In the dative plural the definite article is **den** for all three genders. All other parts of speech take the ending **en** or **n.**

Examples:

Er plaudert mit seinen deutschen Freunden.
Der Grossvater gibt den kleinen Kindern Äpfel.

AUFGABEN

1. **Beantworten Sie folgende Fragen:**
   (1) Wohin will Mr. Martin fahren?
   (2) Wann geht er auf den Bahnhof?
   (3) Was sucht er in der Bahnhofshalle?
   (4) Was macht der Beamte im Auskunftsbüro?
   (5) Wie lange muss Mr. Martin auf dem Bahnhof warten?
   (6) Was gibt er zur Aufbewahrung ab?
   (7) Wo löst er seine Fahrkarte?
   (8) Was bestellt er im Erfrischungsraum?
   (9) Wen trifft er dort?
   (10) Um wieviel Uhr fährt sein Zug nach Köln ab?

2. Geben Sie die richtige Form des Verbs:

(1) Du (müssen) mehr arbeiten!
(2) Sie (können) im Zug rauchen.
(3) Er (wollen) im Erfrischungsraum essen.
(4) Ich (können) den Kaffee trinken.
(5) Wir (müssen) die Familie Schmidt treffen.
(6) Die Kinder (können) miteinander spielen.
(7) Herr Müller (wollen) in den Zug einsteigen.
(8) Er (können) gut Deutsch sprechen.
(9) Frau Schmidt (wollen) Herrn Müller treffen.
(10) Die Mutter (müssen) auf den Markt gehen.

3. Join the following sentences with um .... zu.

Examples:

Wir gehen in die Abendschule. Wir lernen Deutsch.
Wir gehen in die Abendschule, um Deutsch zu lernen.

(1) Ich steige in den Zug ein. Ich fahre nach Köln.
(2) Ich suche eine Zigarette. Ich rauche sie.
(3) Er geht auf den Bahnhof. Er löst eine Fahrkarte.
(4) Klaus läuft um das Haus. Er sucht seine Mütze.
(5) Herr Winter besucht die Abendschule. Er lernt Englisch.
(6) Frau Schmidt geht auf den Markt. Sie kauft Gemüse.
(7) Hannelore geht ins Badezimmer. Sie sucht ihren Kamm.
(8) Der Grosspapa kauft eine Zeitung. Er liest sie.
(9) Frau Winter sitzt im Speisezimmer. Sie isst dort.
(10) Die Kinder gehen in das Schlafzimmer. Sie schlafen dort.

4. Geben Sie die richtigen Pluralendungen:

(1) Herr Schiller fährt mit sein....klein....Kind....
    zum Tiergarten.
(2) Wir sehen viele Leute in d....Bahnhofshalle....
(3) Der Junge kommt mit d....neu....Zeitung....
(4) Sie kauft ein Kilo von d....teuer....Äpfel....
(5) Die alte Mutter wohnt bei ihr....Töchter....

5. Act a dialogue „Auf dem Bahnhof".

6. Übersetzen Sie ins Englische:

Heute muss ich nach Hamburg fahren. Ich gehe auf den Bahnhof. Der Zug fährt um elf Uhr vom Bahnsteig 2 ab. Ich muss zwanzig Minuten warten. Ich gehe an den Fahrkartenschalter, um die Fahrkarte zu lösen. Dann gehe ich in den Erfrischungsraum, um schnell eine Tasse Kaffee zu trinken. Ich will auch Zigaretten und eine Zeitung kaufen. Dann kann ich auf den Bahnsteig gehen. An der Sperre weise ich meine Fahrkarte dem Beamten vor. Der Zug steht schon auf dem Bahnsteig. Ich suche ein Raucherabteil und steige ein. Hoffentlich habe ich eine angenehme Reise nach Hamburg.

LESSON 13

IM HOTEL

Mr. Martin muss drei Tage in Köln bleiben, deshalb will er ein Zimmer reservieren. Auf dem Bahnhof fragt er einen Gepäckträger:

„Entschuldigen Sie bitte, wie komme ich zum Verkehrsamt?"

„Das ist sehr einfach. Dort sehen Sie den Dom und die Türme. Direkt gegenüber finden Sie das Verkehrsamt."

„Danke sehr."

Mr. Martin findet es sehr leicht. Da liest er:

Geöffnet wochentags von 8 bis 23 Uhr (Zimmervorbestellung nur bis 16.30), samstags und sonntags von 14 bis 22 Uhr.

Im Verkehrsamt fragt er einen Beamten:

„Können Sie mir bitte ein Hotel in der Stadtmitte empfehlen?"

„Ja, sicherlich. Versuchen Sie das Bundesbahnhotel am Bahnhof." Mr. Martin geht zum Bahnhof zurück und geht in das Hotel hinein. In der grossen Vorhalle sieht er viele Gäste und zwei Hoteldiener. Im Büro findet er die Empfangsdame.

„Guten Tag! Haben Sie bitte ein Einzelzimmer mit Bad frei?"

„Wie lange bleiben Sie?"

„Drei bis vier Nächte."

„Ich muss im Buch nachsehen (sie blättert im Buch). Ja, ich kann Ihnen ein Einzelzimmer im vierten Stock anbieten."

„Was kostet das Zimmer mit Frühstück?"

„Zwölf Mark fünfzig für die Nacht."

„Gut, ich nehme es."

Die Empfangsdame hat auf ihrem Tisch viele Meldezettel. Sie reicht Mr. Martin einen Zettel und sagt:

„Bitte füllen Sie diesen Meldezettel aus."

Mr. Martin liest den Zettel: *Vorname, Familienname, Staatsangehörigkeit, Beruf, Geburtsort, Geburtsdatum, Unterschrift.*

Er füllt ihn aus und reicht ihn der Empfangsdame zurück.
Sie sagt:
„Danke, es ist alles in Ordnung. Sie haben Zimmer Nr. 125,
hier ist Ihr Schlüssel."
Der Hoteldiener nimmt den Koffer und führt Mr. Martin
zum Aufzug. Sie kommen im vierten Stock an. Mr. Martin
sieht viele Zimmer an beiden Seiten. Der Hoteldiener bleibt
stehen und zeigt ihm sein Zimmer. Es ist gross und gemütlich.
Mr. Martin nimmt ein Bad, rasiert sich und zieht einen grauen
Anzug an. Er will ausgehen, aber er lässt seinen Mantel und
seinen Hut auf seinem Zimmer. Dann verlässt er sein Zimmer
und geht zum Aufzug. Heute hat er keine Zeit, die Stadt
zu besichtigen, denn er muss an einer Konferenz teilnehmen.
Er hat nicht weit zu gehen. Unterwegs bleibt er stehen, um
die Schaufenster zu besichtigen. In einem sieht er allerlei
Mäntel und Hüte. Die Preise sind sehr hoch. Diese Sachen
sind in England billiger.

Vocabulary:

der Dom (e)	cathedral
der Turm (˙˙e)	spire
der Hauptbahnhof (˙˙e)	central station
der Gast (˙˙e)	visitor, guest
der Diener (-)	servant, attendant
der Stock (˙˙e)	storey, stick
der Meldezettel (-)	registration form
der Vorname (n)	Christian name
der Familienname (n)	surname
der Beruf (e)	profession
der Geburtsort (e)	place of birth
der Schlüssel (-)	key
der Aufzug (˙˙e)	lift
der Anzug (˙˙e)	suit
der Hut (˙˙e)	hat
der Preis (e)	price
die Zimmervorbestel-lung (en)	room reservation
die Stadt (˙˙e)	town, city

die Stadtmitte (n)	town centre
die Bundesbahn (en)	federal railway
die Vorhalle (n)	entrance hall
die Empfangsdame (n)	receptionist
die Nacht (-̈e)	night
die Staatsangehörig- keit (en)	nationality
die Unterschrift (en)	signature
die Nummer (n)	number
die Sache (n)	thing
die Seite (n)	side, page
die Konferenz (en)	conference
das Büro	office
das Hotel	hotel
das Einzelzimmer	single room
das Doppelzimmer	double room
das Bad	bath
das Geburtsdatum	date of birth
das Schaufenster	shop-window
das Verkehrsamt	visitors advice bureau
empfehlen	to recommend
versuchen	to try
stehenbleiben (sep)	to stop
nachsehen (sep)	to look up, look for
anziehen (sep)	to put on, dress
lassen	to leave
besichtigen	to inspect, view
teilnehmen (sep)	to take part
zeigen	to show
ausfüllen (sep)	to fill in
ausgehen (sep)	to go out
reichen	to hand, reach
landen	to land
rasieren	to shave
er rasiert sich	he shaves himself
reservieren	to reserve

blättern	to turn over (pages)
erwachen	to wake up

leicht	easy
frei	free, vacant
hoch	high
grau	gray
billiger	cheaper
gewöhnlich	usual(ly)
geöffnet	opened
sicherlich	certainly
direkt	directly
allerlei	all sorts
gegenüber (dat.)	opposite
an	at, on
unterwegs	on the way
deshalb	therefore
denn	for, because
wochentags	on week-days
samstags	on Saturdays
sonntags	on Sundays

ZUM LERNEN

Entschuldigen Sie bitte!	Excuse me, please!
Es ist alles in Ordnung.	Everything is in order.
Was kostet das Zimmer?	What is the charge for the room?

GRAMMATIK

1. Plural of masculine nouns.

Masculine nouns ending in **-el, -en, -er** do not change in the plural, but some of them modify the root vowel.

der Diener	die Diener
der Kellner	die Kellner
der Träger	die Träger
der Onkel	die Onkel

der Meldezettel	die Meldezettel
der Schlüssel	die Schlüssel
der Kuchen	die Kuchen
der Wagen	die Wagen
der Apfel	die Äpfel
der Garten	die Gärten
der Bruder	die Brüder
der Vater	die Väter

A great number of masculine nouns form the plural by adding
-e to the singular and some also modify the root vowel.

der Abend	die Abende
der Beruf	die Berufe
der Brief	die Briefe
der Dom	die Dome
der Freund	die Freunde
der Hund	die Hunde
der Preis	die Preise
der Tag	die Tage
der Tisch	die Tische
der Aufzug	die Aufzüge
der Anzug	die Anzüge
der Ausflug	die Ausflüge
der Bahnhof	die Bahnhöfe
der Gast	die Gäste
der Hut	die Hüte
der Kamm	die Kämme
der Markt	die Märkte
der Sohn	die Söhne
der Stock	die Stöcke
der Turm	die Türme
der Zug	die Züge

2. **Plural endings of the adjective.**

The adjective takes the ending -en in the plural in all cases
when preceded by the definite article, possessive adjective or
kein.

Nom.   Die langen Briefe sind sehr interessant.
Acc.   Er liest ihre langen Briefe.

Ich schreibe keine langen Briefe.

Dat.   Was steht in den langen Briefen?

3. Time of day.

Wie spät ist es? } Wieviel Uhr ist es?	What time is it?
Um wieviel Uhr?	At what time?
Es ist ein Uhr.	It is 1 o'clock.
Ich stehe um sieben Uhr auf.	I get up at 7 o'clock.

11.10	zehn Minuten nach elf
8.40	zwanzig Minuten vor neun
7.30	halb acht
10.30	halb elf
12.30	halb eins
2.15	viertel nach zwei
6.45	viertel vor sieben
12.00	Mittag (midday)
00.00	Mitternacht (midnight), Null Uhr.

The continental 24-hour clock is used for official purposes, e.g. on time-tables, radio announcements, etc.

Der Zug fährt um 23 Uhr ab.	The train departs at 11 p.m.
Das Flugzeug landet um 13.40 (dreizehn Uhr vierzig) auf dem Flughafen Köln—Bonn.	The plane lands at 1.40 p.m. at the Cologne–Bonn Airport.

For a.m. and p.m. *vormittags* and *nachmittags* may be used, but for time after 6 p.m. *abends* is used. For time after midnight *nachts* is used.

Examples:

Ich treffe Sie um 9 Uhr vormittags.	I am meeting you at 9 a.m.
Besuchen Sie mich abends um 7 Uhr!	Visit me (call on me) at 7 p.m!
Ich komme um 2 Uhr nachts nach Hause.	I am coming home at 2 o'clock in the morning.

Note. zwo is used instead of zwei in radio announcements and on the telephone.

AUFGABEN

1. **Beantworten Sie folgende Fragen:**
   (1) Wie lange muss Mr. Martin in Köln bleiben?
   (2) Ist das Verkehrsamt weit vom Kölner Hauptbahnhof?
   (3) Wann ist das Kölner Verkehrsamt wochentags geöffnet?
   (4) Wann ist das Verkehrsamt samstags und sonntags geöffnet?
   (5) Welches Hotel empfiehlt der Beamte Mr. Martin?
   (6) Wohin geht Mr. Martin zurück?
   (7) Wo ist das Bundesbahnhotel?
   (8) Wen sieht Mr. Martin in der Vorhalle?
   (9) In welchem Stock bekommt er sein Zimmer?
   (10) Was muss er ausfüllen?
   (11) Wer führt Mr. Martin auf sein Zimmer?
   (12) Was macht er auf seinem Zimmer?
   (13) Was sieht Mr. Martin in einem Schaufenster?

2. **Schreiben Sie im Plural:**
   (1) Mein Sohn lernt Englisch.
   (2) Sein Freund verbringt den Abend allein.
   (3) Der Tag ist sehr warm.
   (4) Der Vater kauft den teuren Hut.
   (5) Der alte Diener nimmt den Schlüssel.
   (6) Der Bruder führt den Gast in den grossen Garten.
   (7) Ich sehe schon den Turm und den neuen Bahnhof.
   (8) Der Onkel füllt den Meldezettel aus.
   (9) Die junge Frau findet den Kamm.
   (10) Mein Hund nimmt den kleinen Stock.
   (11) Der Kellner steigt in den Zug ein.
   (12) Sie nimmt den grossen Apfel für den Kuchen.

3. **Wie spät ist es?**
   (*Example:* 1.30 Es ist halb zwei)
   3.00 4.45 7.10 9.15 8.50 6.30 0.15 11.20 2.30
   12.00 (noon) 00.00 (midnight)

4. **Fragen Sie einander:**
   (1) Um wieviel Uhr stehen Sie gewöhnlich auf?
   (2) Um wieviel Uhr frühstücken Sie?
   (3) Um wieviel Uhr essen Sie zu Mittag?
   (4) Verbringen Sie den Abend allein?
   (5) Wie ist Ihr Vorname?
   (6) Wie ist Ihr Familienname?
   (7) Welche Stadt (welches Dorf—what village) ist Ihr
       Geburtsort?
   (8) Kaufen Sie oft Äpfel?
   (9) Haben Sie viele Freunde?
   (10) Machen Sie auch im Winter Ausflüge?

5. **Übersetzen Sie Aufgabe 2 ins Englische.**

LESSON 14

EIN ENGLÄNDER IN KÖLN

Mr. Martin steht um 8 Uhr auf. Es ist Samstag, und er will noch das Wochenende in Köln verbringen. Zuerst geht er in den Speisesaal und frühstückt. Er bestellt zwei weiche Eier und Kaffee. Nach ein paar Minuten bringt der Kellner das Frühstück. Nach dem Frühstück geht Mr. Martin aus, um die Stadt zu besichtigen. Zuerst besichtigt er den berühmten Dom. Mr. Martin trifft dort viele Leute: Deutsche, Engländer, Franzosen und auch Amerikaner. Dann spaziert er in der Stadt umher und besichtigt die Schaufenster. Er kauft auch ein paar Geschenke: eine Brosche, zwei Bücher und drei Taschentücher. Dann geht er ins Hotel zurück. Um 12 Uhr isst er zu Mittag. Der Kellner bringt die Speisekarte. Mr. Martin bestellt Gemüsesuppe, Schweinebraten mit Kartoffeln und Salat. Der Kellner fragt ihn:

„Was wünscht der Herr zu trinken?"

„Bringen Sie mir zuerst ein Glas Bier, ich bin sehr durstig, heute ist es sehr heiss."

Der Kellner bringt ein Glas Bier, und Mr. Martin trinkt es. Dann bringt der Kellner einen Teller Suppe, und Mr. Martin isst sie mit dem Löffel. Aber es ist nicht genug Salz in der Suppe, und er gibt mehr Salz und Pfeffer hinein.

Nachher bringt der Kellner den Schweinebraten.

„Danke", sagt Mr. Martin, nimmt das Messer und die Gabel und beginnt zu essen. Das Essen schmeckt sehr gut. Der Salat ist auch sehr gut. Er bestellt auch noch Kirschenkompott und ein Stück Kuchen. Nach dem Mittagessen geht Mr. Martin auf sein Zimmer und schläft eine Stunde.

Am Nachmittag will er noch den Kölner Volksgarten besichtigen. Der Volksgarten ist ein grosser, schöner Park mit einem kleinen See. Mr. Martin fährt mit einem Taxi zum Volksgarten. Es gefällt ihm dort sehr gut. Er sitzt auf einer Bank und bewundert die schönen Blumen. Es ist so ruhig in

71

dem grossen Park. Nach einer Stunde steht Mr. Martin auf und geht langsam zum Rhein hinunter. Er geht ein wenig am Rhein spazieren und beobachtet dort die Schiffe. Er sieht auch einen Passagierdampfer aus der Schweiz. Nach einer Weile kommt er zu einem Café und geht hinein. Er bestellt eine Tasse Kaffee und ein Stück Torte. Es ist bereits 17 Uhr, und Mr. Martin geht langsam ins Hotel zurück, denn das Abendessen wird zwischen 18 und 19 Uhr serviert.

Vocabulary:

der Speisesaal (-säle)	dining hall
der Franzose (n)	Frenchman
der Amerikaner (-)	American
der Schweinebraten (-)	roast pork
der Löffel (-)	spoon
der Pfeffer (-)	pepper
der Teller (-)	plate
der Volksgarten (¨)	public park
der See (n)	lake
die See (n)	**sea**
der Rhein	Rhine
der Passagierdampfer (-)	passenger steamer
der Kellner (-)	waiter
das Taxi(s)	taxi
die Brosche (n)	brooch
die Speisekarte (n)	menu
die Gemüsesuppe (n)	vegetable soup
die Kartoffel (n)	potato
die Suppe (n)	soup
die Gabel (n)	fork
die Bank (¨e)	form, bench
die Schweiz	Switzerland
die Torte (n)	gâteau, tart
das Gasthaus (¨er)	inn
das Glas (¨er)	glass

das Bier (e)	beer
das Salz	salt
das Messer (-)	knife
das Kirschenkompott (e)	stewed cherries
das Schiff (e)	ship, boat
das Abendessen (-)	dinner, evening meal
das Zimmer (-)	room

beobachten	to observe, watch
servieren	to serve
beginnen	to begin
schlafen	to sleep
er schläft	he sleeps
hinuntergehen (sep)	to go down

vorsichtig	careful
ruhig	quiet
langsam	slow
ein paar	a few
zuerst	at first
hinunter	downwards
bereits	already

ZUM LERNEN

Es gefällt ihm sehr gut.	It pleases him very much.
Er spaziert in der Stadt umher.	He strolls about the town.
Das Abendessen wird zwischen 18 und 19 Uhr serviert.	Dinner is being served between 6 and 7 p.m.

GRAMMATIK

1. Plural of Neuter Nouns.

(a) Nouns ending in **-er, -el** and **-en** *as with masculine nouns* do not change in the plural.

Examples:

das Messer	die Messer
das Zimmer	die Zimmer
das Fenster	die Fenster

| das Mittagessen | die Mittagessen |
| das Brötchen | die Brötchen |

(b) Some add **-e** only:

das Jahr	die Jahre
das Abteil	die Abteile
das Geschenk	die Geschenke
das Tier	die Tiere

(c) Some add **-er** and modify the root vowel if the vowel is **a, o, u** or **au**.

Examples:

das Taschentuch	die Taschentücher
das Schloss	die Schlösser
das Haus	die Häuser
das Buch	die Bücher
das Ei	die Eier
das Trinkgeld	die Trinkgelder

2. **Declension of Adjectives** (continued)

In the plural when the adjective is **not** preceded by the definite article, a possessive adjective or kein, then it takes the following endings:

Nom.	schöne Blumen
Acc.	schöne Blumen
Dat.	schönon Blumen

AUFGABEN

1. **Beantworten Sie folgende Fragen:**
   (1) Um wieviel Uhr steht Mr. Martin auf?
   (2) Wo frühstückt er?
   (3) Was besichtigt er nach dem Frühstück?
   (4) Was kauft er?
   (5) Was isst er zu Mittag?
   (6) Was trinkt er vor dem Mittagessen?
   (7) Was macht Mr. Martin nach dem Mittagessen?
   (8) Schlafen Sie manchmal nach dem Mittagessen?

(9) Bewundern Sie oft schöne Blumen?

(10) Gehen Sie oft in ein Café, um eine Tasse Kaffee zu trinken?

2. **Schreiben Sie im Plural:**

(1) Das Haus ist sehr alt.

(2) Das Buch ist sehr billig.

(3) Der Freund besucht das Schloss.

(4) Er kauft das Geschenk für seinen Sohn.

(5) Das Kind füttert das Tier.

(6) Das Taschentuch ist bunt.

(7) Der Herr beobachtet das Schiff.

(8) Das Ei ist kalt.

3. **Ergänzen Sie:**

(1) Wir essen gut....Äpfel.

(2) In unser....Garten spielen nur artig....Kinder.

(3) Die Grossmutter kauft billig....Orangen.

(4) Der Onkel raucht englisch....Zigaretten.

(5) Schön....Geschenke liegen auf d....Tisch.

(6) Jung....Affen sind sehr komisch.

4. **Form sentences from the word groups given below:**

(1) in Köln ein Wochenende wir verbringen.

(2) im Park seinen Freund wartet er auf.

(3) ich nach dem Mittagessen eine Tasse Kaffee trinke.

(4) ein Stück wollen Kuchen noch Sie?

5. **Übersetzen Sie ins Englische:**

(1) Ich will das Wochenende in Köln verbringen.

(2) Zuerst besuche ich den Dom, und dann spaziere ich in der Stadt umher, um die Schaufenster zu besichtigen.

(3) Das Mittagessen schmeckt sehr gut, aber in der Suppe ist nicht genug Salz.

(4) Nach dem Mittagessen gehe ich auf mein Zimmer und schlafe eine Stunde.

(5) Nachher gehe ich in den Volksgarten und bewundere die schönen Blumen.

(6) Auf dem Rhein fahren viele Schiffe, und ich sehe auch einen Passagierdampfer aus der Schweiz.

(7) Viele Leute besuchen Köln, denn es ist sehr berühmt.

(8) Wir gehen oft in ein schönes Café und bestellen eine Tasse Kaffee und ein Stück Torte.

(9) Das Abendessen wird zwischen 19 und 20 Uhr serviert.

LESSON 15

WIEDERHOLUNG
FRAU WINTER ERWARTET GÄSTE

An einem Samstag erwartet Frau Winter Gäste zum Abendessen. Sie steht früh auf, um alles zu besorgen. Ihre Putzfrau kommt um acht Uhr. Sie räumt das Wohnzimmer und das Speisezimmer auf. Um zehn Uhr ist sie mit den zwei Zimmern fertig. Frau Winter kommt in das Wohnzimmer und sagt: „Frau Möller, wir wollen jetzt einkaufen gehen; die anderen Zimmer können Sie später aufräumen." Frau Winter holt zwei Einkaufstaschen. Zuerst geht sie mit Frau Möller auf den Markt. Sie kauft eine fette Gans von einem Bauern und von einem anderen Bauern Sauerkraut und Äpfel. Von einer Marktfrau kauft Frau Winter anderes Obst, wie: Bananen, Orangen und Birnen. Dann geht sie mit Frau Möller in ein Lebensmittelgeschäft, um alles für das Abendessen zu besorgen.

Um zwölf Uhr ist Frau Winter mit ihrer Putzfrau vom Einkaufen zurück. Hannelore kommt bald aus der Schule nach Hause und hilft ihrer Mutter. Um halb sechs Uhr beginnt Hannelore den Tisch zu decken. Sie kann das sehr gut machen. Sie schmückt auch den Tisch mit Blumen.

Um halb sieben klingelt es. Herr Winter geht an die Tür und öffnet sie. Seine Gäste sind da: Herr und Frau Wegner mit ihren drei Kindern, Grete, Kurt und Günter.

„Bitte kommen Sie herein und legen Sie ab," sagt Herr Winter.

Frau Winter kommt in die Halle, begrüsst ihre Gäste und führt sie in das Wohnzimmer. Herr Winter bietet seinem Geschäftsfreund eine Zigarre an und zeigt ihm eine neue technische Zeitung. Bald kommt Frau Winter herein und bittet ihre Gäste zu Tisch.

Der Gänsebraten schmeckt ausgezeichnet. Die Eltern trinken eine Flasche Wein und die Kinder Limonade. Als

77

Nachspeise essen sie eine Walnusstorte. Den Kindern schmeckt sie besonders gut, und Frau Winter gibt jedem Kind noch ein Stück. Nach dem Abendessen gehen alle ins Wohnzimmer zurück. Die Eltern plaudern und trinken Kaffee. Die Kinder gehen auf Hannelores Zimmer und spielen allerlei Spiele. Sie hören auch Schallplatten. Die modernen, lustigen Schlager gefallen den Kindern sehr.

Um halb elf Uhr ruft Frau Wegner ihre Kinder. In der Halle danken die Gäste für den schönen Abend und laden die Familie Winter nächsten Sonntag zum Nachmittagskaffee ein. Herr Winter begleitet seine Gäste zur Tür hinaus. Herr Wegner holt seinen Wagen, die Familie steigt ein und wünscht Herrn Winter eine gute Nacht.

Vocabulary:

der Bauer (n)	farmer
der Geschäftsfreund (e)	business associate
der Gänsebraten (-)	roast goose
der Schlager (-)	hit song
der Nachmittagskaffee	afternoon coffee
der Metzger (-)	butcher
der Bäcker (-)	baker
die Putzfrau (en)	charwoman
die Gans (:e)	goose
die Marktfrau (en)	market woman
die Flasche (n)	bottle
die Nachspeise (n)	sweet course
die Walnusstorte (n)	walnut cake
die Schallplatte (n)	record
das Sauerkraut	pickled white cabbage
das Lebensmittel- geschäft (e)	grocer's shop
das Spiel (e)	play
das Fleisch	meat, flesh
erwarten	to expect, await
besorgen	to get, provide

aufräumen (sep)	to tidy up
decken	to lay (the table), cover
schmücken	to decorate, adorn
ablegen (sep)	to take off (clothes)
einladen (sep)	to invite
begleiten	to accompany, escort
hinausbegleiten (sep)	to escort outside, to accompany outside
putzen	to clean
begrüssen	to greet, welcome
früh	early
später	later
fett	fat
technisch	technical
ausgezeichnet	excellent
modern	modern
lustig	merry, gay
aus (dat.)	from (out of)
noch ein	another
jeder, -e, -es	each, every
ihm	to him

ZUM LERNEN

den Tisch decken	to lay the table
an die Tür gehen	to go to the door
zu Tisch bitten	to ask to dinner (lunch, etc.)
Als Nachspeise essen sie eine Walnusstorte.	For the sweet course they eat a walnut cake.
Bitte legen Sie ab!	Please take off your coat

AUFGABEN

1. **Beantworten Sie folgende Fragen:**
   (1) Wen erwartet Frau Winter am Samstag zum Abendessen?
   (2) Um wieviel Uhr kommt die Putzfrau?

   (3) Was macht die Putzfrau?
   (4) Wohin gehen Frau Winter und Frau Möller?
   (5) Was kaufen sie ein?
   (6) Wann kommen die Gäste an?
   (7) Was haben die Gäste und die Familie Winter zum Abendessen?
   (8) Wohin gehen sie nach dem Abendessen?
   (9) Was machen die Kinder nach dem Abendessen?
  (10) Wann gehen die Gäste nach Hause?
  (11) Wer begleitet die Gäste zur Tür?
  (12) Wann geht die Familie Winter zur Familie Wegner zum Nachmittagskaffee?

2. **Schreiben Sie im Plural:**
   (1) Die Grossmutter liest die Zeitung, und der Grossvater schreibt einen Brief.
   (2) Sein Freund führt seinen Gast in das gemütliche Wohnzimmer.
   (3) Der alte Onkel arbeitet im Garten und raucht eine englische Zigarette.
   (4) Die Putzfrau geht in das Speisezimmer und macht das Fenster auf.
   (5) Der Bruder wartet auf seinen Freund.
   (6) Die Frau geht auf den Markt.
   (7) Die Mutter gibt dem Sohn den roten Apfel.
   (8) Der Junge macht am Sonntag einen Ausflug.
   (9) Das Kind spielt mit dem Hund.
  (10) Der Briefträger bringt ein Telegramm.
  (11) Die Frau kann die Einkaufstasche nicht tragen.
  (12) Der Hoteldiener geht in die Halle.

3. **Setzen Sie eine passende Präposition:**
   (1) Meine Tochter kommt bald....Hause.
   (2) Die alte Frau ist den ganzen Tag....Hause.
   (3) Wohnen Sie weit....hier?
   (4) Ich brauche die Blumen....meine Mutter.
   (5) Er geht....seinen Hund spazieren.
   (6) Der kleine Junge spielt....seinem Bruder.
   (7) ....wieviel Uhr stehen Sie auf?

(8) Klaus läuft....das Haus.

(9) Wir gehen....die Küche....den Garten.

(10) Herr Winter verbringt das Wochenende....seinem Vater.

(11) Der Geschäftsmann muss....Hamburg fahren.

(12) Die Leute kommen....der Kirche.

4. **Wie spät ist es?**

   3.15   9.25   17.45   5.35   00.48   11.26   13.46   6.55
   21.16   23.40   12.30   7.30

5. **Übersetzen Sie ins Englische:**

   Meine Putzfrau kommt immer um halb acht. Zuerst räumt sie das Speisezimmer und das Wohnzimmer auf. Dann geht sie in die Schlafzimmer und räumt dort auf. Um viertel nach zehn kocht sie den Kaffee. Sie bringt zwei Tassen Kaffee in das Speisezimmer. Nach der Morgenarbeit ist die Putzfrau sehr hungrig; sie isst zwei oder drei Brötchen mit Wurst, Käse oder Marmelade. Um viertel vor elf nimmt sie die grosse Einkaufstasche und geht auf den Markt. Sie kauft dort Obst und Gemüse. Nachher geht sie zum Metzger, um Fleisch für das Mittagessen zu kaufen. Dann geht sie zum Bäcker und kauft dort frisches Brot.

   Um zwölf ist meine Putzfrau vom Einkaufen zurück. Ich koche das Mittagessen, und die Putzfrau putzt das Gemüse für mich. Das Mittagessen muss um halb zwei fertig sein. Ich decke schnell den Tisch, denn mein Mann kommt bald nach Hause. Er ist immer sehr hungrig.

LESSON 16

EIN BRIEF

Manchester, den 4. April 1962

LIEBER HERR WINTER!

Endlich komme ich dazu, Ihnen zu schreiben. Ich kam am Montag, dem 28. (achtundzwanzigsten) März, nach Manchester zurück. Nach der langen Reise war ich sehr müde. Der Zug kam mit 45 Minuten Verspätung in Ostende an, aber wir hatten Glück: das Schiff war noch dort. Die Überfahrt war sehr stürmisch, und ich war seekrank. Nächstes Mal fliege ich, hoffentlich bin ich dann nicht luftkrank. Nach vier Stunden war die stürmische Überfahrt endlich vorüber. Wir waren froh, die weissen Felsen von Dover zu sehen. In Dover war der Zollbeamte sehr freundlich, und ich hatte nichts zu verzollen.

In London erreichte ich zur rechten Zeit den Zug nach Manchester. Ich war sehr hungrig und ging in den Speisewagen, wo ich zu Mittag ass. Dort traf ich einen Geschäftsfreund. Ich erzählte ihm von meinem wundervollen Urlaub in Deutschland, von dem berühmten Kölner Dom, dem guten Essen und Bier. Mein Freund war sehr erstaunt, denn er hatte Deutschland nicht gern. Letztes Jahr fuhr er nach Deutschland auf Urlaub, aber er hatte kein Glück. Das Wetter war sehr schlecht, und es regnete oft. Der Regen fiel ihm auf die Nerven, und die deutsche Kost schmeckte ihm auch nicht, deshalb flog er nach zehn Tagen enttäuscht nach England zurück.

So plauderte ich noch eine Weile mit meinem Geschäftsfreund, und wir tranken wieder guten englischen Tee. In Crewe stiegen wir um. Wir warteten nicht lange auf den Anschluss nach Manchester.

Der schöne Urlaub ist leider vorbei, und ich muss wieder in meinem Büro viel arbeiten. Ich denke oft an Sie. Leider waren wir nur eine kurze Zeit im Zug beisammen, aber es freute mich, Sie zu treffen. Wollen wir hoffen, dass es nicht das letzte Mal ist! Wir können uns schreiben und vielleicht können Sie einmal nach England kommen. Dann müssen Sie mich hier in Manchester besuchen.

Ich danke Ihnen für Ihre Freundlichkeit, wünsche Ihnen und Ihrer Familie alles Gute und verbleibe
Ihr Charles Walker.

Vocabulary:

der Felsen (-)	rock, cliff
der Zollbeamte (n)	customs official
der Speisewagen (-)	dining car
der Regen	rain
der Tee	tea
der Anschluss (⁻e)	train connection
die Überfahrt (en)	crossing (sea or river)
die Kost	food
die Freundlichkeit (en)	kindness
erzählen	to tell, relate
fliegen, flog	to fly
erreichen	to reach, catch (train)
verbleiben, verblieb	to remain (in a letter)
umsteigen (sep) stieg um	to change (train)
verzollen	to declare, pay duty on
regnen	to rain
enttäuschen	to disappoint
lieb	dear, beloved
stürmisch	stormy, rough (sea)
luftkrank	air-sick
freundlich	friendly
hungrig	hungry
wundervoll	wonderful
erstaunt	astonished
schlecht	bad
kurz	short
letzt	last
seekrank	sea-sick

weiss	white
recht	right
vorüber ⎱	
vorbei ⎰	over, past
beisammen	together
einander	one another

ZUM LERNEN

Endlich komme ich dazu.	At last I have come round to it.
Wir hatten Glück.	We were lucky.
Zur rechten Zeit.	At the right time.
Es regnet.	It rains.
Der Regen fiel ihm auf die Nerven.	The rain got on his nerves.
Der Zug hat Verspätung.	The train is late.
Ich wünsche Ihnen alles Gute.	I wish you all the best.
Er hatte Deutschland nicht gern.	He did not like Germany.
Nächstes Mal.	Next time.

GRAMMATIK

1. Ordinal numbers.

der, die, das **erste**, zweite, **dritte**, vierte, fünfte, sechste, siebente, achte, neunte, zehnte, zwölfte, vierzehnte, etc.

zwanzigste, dreiundzwanzigste, vierzigste, fünfzigste, hundertste, etc.

Ordinal numbers are formed by adding -te to cardinals below 20, and **-ste** for numbers above 20;

erste and *dritte* are irregular, and *acht* does not add another *t*.

2. Dates.

(a) Der wievielte ist heute?
Den wievielten haben wir heute? ⎱ What is the date?

Es ist heute der achte April. Wir haben heute den achten April.

(b) The date on a letter is:
    London, den 24-sten (or den 24.) November 1962.
(c) Wann fliegen Sie nach Ostende?
    Am 23. (dreiundzwanzigsten) Mai fliege ich nach Ostende.
    On the 23rd of May I am flying to Ostend.
    Wann ist Ihr Geburtstag?
    Mein Geburtstag ist **am elften** Dezember.
(d) The names of the months: der Januar, Februar, März, April, Mai, Juni, Juli, August, September, Oktober, November, Dezember.

3. **The Imperfect tense.**
    The weak verbs in German add: -te, -test, -te, -ten, -tet, -ten to the stem to form the imperfect.

Present tense	Imperfect tense
ich besuche	besuchte
du besuchst	besuchtest
er besucht	besuchte
sie besucht	besuchte
es besucht	besuchte
wir besuchen	besuchten
ihr besucht	besuchtet
Sie besuchen	besuchten
sie besuchen	besuchten

When the stem of a weak verb ends in -t then the following endings are added to the stem: **-ete, -etest, -ete, eten, -etet, -eten.**

Example:

Present tense	Imperfect
ich arbeite	arbeitete
du arbeitest	arbeitetest
er arbeitet	arbeitete
sie arbeitet	arbeitete
es arbeitet	arbeitete

wir arbeiten	arbeiteten
ihr arbeitet	arbeitetet
Sie arbeiten	arbeiteten
sie arbeiten	arbeiteten

The strong verbs in German change the stem vowel to form the imperfect.

Present tense	*Imperfect tense*
ich gehe	ging
du gehst	gingst
er geht	ging
sie geht	ging
es geht	ging
wir gehen	gingen
ihr geht	gingt
Sie gehen	gingen
sie gehen	gingen

Sein and **haben** are irregular.

Present tense	*Imperfect tense*
ich bin	war (I was)
du bist	warst
er ist	war
sie ist	war
es ist	war
wir sind	waren
ihr seid	wart
Sie sind	waren
sie sind	waren
ich habe	hatte (I had)
du hast	hattest
er hat	hatte
sie hat	hatte
es hat	hatte
wir haben	hatten
ihr habt	hattet
Sie haben	hatten
sie haben	hatten

A list of strong verbs can be found on page 116.

AUFGABEN

1. Beantworten Sie folgende Fragen:

(1) Wann kam Mr. Walker nach Manchester zurück?
(2) Wieviel Minuten Verspätung hatte der Zug in Ostende?
(3) Wie war die Überfahrt?
(4) War Mr. Walker seekrank?
(5) Nach wie vielen Stunden war die Überfahrt vorüber?
(6) Hatte Mr. Walker etwas zu verzollen?
(7) Erreichte er den Zug nach Manchester zur rechten Zeit?
(8) Was machte Mr. Walker im Speisewagen?
(9) Was erzählte er seinem Freund?
(10) Warum flog sein Freund nach zehn Tagen nach England zurück?
(11) Wo stiegen Mr. Walker und sein Freund um?
(12) Waren Sie dieses Jahr in Deutschland auf Urlaub?

2. Konjugieren Sie im Präsens und Imperfekt:

lachen, kaufen, fliegen, erwarten, laufen, antworten, sehen, nehmen, sein, haben.

3. Schreiben Sie im Imperfekt:

Frau Winter erwartet Gäste zum Mittagessen. Sie steht früh auf und geht auf den Markt. Dort kauft sie eine fette Gans, Obst und Gemüse. Um zwölf Uhr kommt sie nach Hause zurück. Sie arbeitet fleissig in der Küche. Hannelore hilft ihrer Mutter. Um zwei Uhr beginnt sie den Tisch zu decken, und sie schmückt ihn mit Blumen. Um halb drei klingelt es. Klaus öffnet die Tür. Herr und Frau Winter begrüssen die Gäste. In der Halle legen sie ihre Mäntel ab. Herr Winter führt sie in das Wohnzimmer und bietet seinen Gästen Zigaretten an. Sie trinken Wein oder Limonade.

4. Form sentences from the word groups given below:

(1) war die stürmisch Überfahrt sehr und seekrank ich war.

(2) nächsten fuhr Manchester Zug nach er dem mit.

(3) mein erzählte Urlaub Freund seinem Deutschland wundervollen von in.

(4) England vielleicht Sie besuchen in mich.

(5) ich ein darf Kuchen Tasse Stück eine Ihnen und anbieten Kaffee?

LESSON 17

DER FRÜHLING IST DA

An einem schönen Morgen sagte Frau Winter zu ihren Kindern:

„Klaus und Hannelore, ihr müsst mir im Garten helfen!"
Die Kinder waren bereit, ihr zu helfen, denn sie hatten Osterferien.

Klaus brachte den Spaten aus der Garage heraus. Im Garten wartete Hannelore ungeduldig auf ihren Bruder. Die Mutter und die Kinder wollten fleissig arbeiten. Es war draussen im Garten so schön. Die Sonne schien am blauen Himmel. Die Vögel sangen laut. Die Schwalben flogen hin und her. Es war sehr heiss, aber die Mutter und die Kinder mussten mit der Arbeit beginnen.

Die Mutter wollte neue Rosenstöcke pflanzen. Sie hatte Rosen gern, die Kinder hatten sie auch gern. So arbeiteten alle fleissig. Sie dachten bereits an die schönen Rosenblüten im Sommer.

Sie lasen die Namen an den Rosenstöcken. Die Mutter fragte Hannelore:

„Kennst du diese Rosen? Weisst du, wie teuer sie sind? Hier kannst du den Preis auf jedem Zettel lesen. Diese hier sind nicht so teuer, aber jene sind sehr, sehr teuer, aber ich kaufte sie trotzdem, denn ich habe die rosa Farbe so gern."

„O ja, Mutti, ich erkannte sogleich die Namen. Ich sah diese Rosen letzten Sommer bei Onkel Karl, und ich sah sie auch im Park. Die zarte rosa Farbe ist wundervoll und auch der zarte Duft."

„Welche sind die teuren Rosenstöcke? Wo muss ich sie pflanzen?" fragte Klaus.

„Ich zeige es dir gleich, dann weisst du es. Komm mit deinem Spaten hierher! Hier rechts in der Ecke kannst du sie pflanzen!"

Nach einer Stunde ging Frau Winter ins Haus zurück, um Butterbrote und eine Flasche Limonade zu holen. Die Kinder

warteten ungeduldig auf die Butterbrote und die Limonade,
denn sie hatten grossen Hunger und starken Durst. Sie hatten
die Orangenlimonade immer gern. Sie assen auch gern die
Butterbrote mit Wurst und Käse. Nach einer kurzen Pause
arbeiteten sie weiter. In einem Blumenbeet neben dem Hause blühten schon
Tulpen, Narzissen und Primeln. Jedes Jahr blühen sie schon
im April. Frau Winter wollte Blumen für ihre Vasen haben; so
sagte sie zu Hannelore:
„Pflücke die Frühlingsblumen, aber nimm nicht alle, nur
genug für drei Vasen!"
Hannelore war sehr froh. Sie pflückte Blumen so gern. Sie
ging zu dem Blumenbeet, um die schönen Frühlingsblumen zu
pflücken. Sie sang dabei das bekannte Frühlingslied:

> Leise zieht durch mein Gemüt
> Liebliches Geläute,
> Klinge, kleines Frühlingslied,
> Kling hinaus ins Weite.
>
> Kling hinaus bis an das Haus,
> Wo die Blumen spriessen.
> Wenn du eine Rose schaust,
> Sag, ich lass' sie grüssen.

Heinrich Heine
(1797–1856)

Vocabulary:

der Vogel (¨)	bird
der Frühling (e)	spring
der Sommer (-)	summer
der Herbst (e)	autumn
der Winter (-)	winter
der Himmel	sky, heaven
der Spaten (-)	spade
der Rosenstock (¨e)	rose-tree
der Duft (¨e)	scent, fragrance
der Durst	thirst
der Hunger	hunger

die Sonne	sun
die Blüte (n)	bloom, blossom
die Farbe (n)	colour
die Tulpe (n)	tulip
die Narzisse (n)	narcissus
die Primel (n)	primula
die Pause (n)	interval, break
die Ecke (n)	corner
die Schwalbe (n)	swallow
das Lied (er)	song
das Butterbrot (e)	bread and butter
das Blumenbeet (e)	flower-bed
die Osterferien (plural only)	Easter holidays
blühen	to flower
pflanzen	to plant
singen, sang	to sing
scheinen, schien	to shine
kennen, kannte	to know (a person, a thing)
wissen, wusste	to know (a fact)
fleissig	industrious, diligent
bekannt	well known, familiar
rosa	pink
bereit	ready, prepared
bereits	already
stark	strong
zart	dainty, delicate
hin und her	to and fro
trotzdem	nevertheless, in spite of
gleich, sogleich	immediately
gestern	yesterday
neben	next to
dabei	at the same time, in doing so
spät	late

Vocabulary for the poem:

ziehen, zog	to move
das Gemüt	mind

lieblich	lovely, sweet
das Geläute	ringing of bells
klingen	to ring, sound
ins Weite	far away
bis	until
spriessen	sprout
Ich lass' sie grüssen	I send my love to her (greetings)

ZUM LERNEN

heraus	out of, towards the speaker
Kommen Sie aus der Garage heraus!	Come out of the garage!
hinaus	out of, away from the speaker
Gehen Sie in den Garten hinaus!	Go out into the garden!
gern haben	to like a person, a thing, to be fond of
Ich habe Rosen gern.	I am fond of roses.
gern tun	to like doing something
Meine Schwester tanzt gern.	My sister likes dancing.
Ich denke bereits an den Sommer.	I am already thinking of summer.

GRAMMATIK

1. **Declension of dieser, diese, dieses (this).**

	Singular			*Plural*
	Masculine	*Feminine*	*Neuter*	
Nom.	dieser Garten	diese Rose	dieses Haus	diese Bücher
Acc.	diesen Garten	diese Rose	dieses Haus	diese Bücher
Dat.	diesem Garten	dieser Rose	diesem Haus	diesen Büchern

Jener (that), jeder (each, every), welcher? (which?), are declined in the same way.

2. The dative of personal pronouns.

Nominative	Accusative	Dative	
ich	mich	*mir*	to me
du	dich	*dir*	to thee
er	ihn	*ihm*	to him
sie	sie	*ihr*	to her
es	es	*ihm*	to it
wir	uns	*uns*	to us
ihr	euch	*euch*	to you
Sie	Sie	*Ihnen*	to you
sie	sie	*ihnen*	to them

Examples:

Schreiben Sie *mir!*	Write to me.
Er hilft *ihr*.	He helps her.
Sie helfen *uns*.	They help us.

Das Kind spielt mit *ihm*. The child plays with him.

Note.—**uns** also stands for *each other, one another*.

Example:

Wir schreiben *uns* oft.   We often write to one another.

3. The present and imperfect tense of kennen and wissen.

Present	Imperfect	Present	Imperfect
ich kenne	kannte	ich weiss	wusste
du kennst	kanntest	du weisst	wusstest
er kennt	kannte	er weiss	wusste
sie kennt	kannte	sie weiss	wusste
es kennt	kannte	es weiss	wusste
wir kennen	kannten	wir wissen	wussten
ihr kennt	kanntet	ihr wisst	wusstet
Sie kennen	kannten	Sie wissen	wussten
sie kennen	kannten	sie wissen	wussten

Examples:

Ich kenne alle Rosen im Garten.

Wie alt ist sein Grossvater? Ich weiss es nicht.

4. The imperfect tense of the modal verbs: wollen, können, müssen.

ich wollte	konnte	musste
du wolltest	konntest	musstest
er wollte	konnte	musste
sie wollte	konnte	musste
es wollte	konnte	musste
wir wollten	konnten	mussten
ihr wolltet	konntet	musstet
Sie wollten	konnten	mussten
sie wollten	konnten	mussten

5. The imperfect tense of the irregular verbs: denken and bringen.

ich dachte	brachte
du dachtest	brachtest
er dachte	brachte
sie dachte	brachte
es dachte	brachte
wir dachten	brachten
ihr dachtet	brachtet
Sie dachten	brachten
sie dachten	brachten

AUFGABEN

1. Beantworten Sie folgende Fragen:

(1) Wer musste der Mutter helfen?
(2) Welche Ferien hatten Klaus und Hannelore?
(3) Was brachte Klaus aus der Garage heraus?
(4) Wie wartete Hannelore auf ihren Bruder?
(5) Wie war das Wetter an jenem Frühlingsmorgen?
(6) Wie sangen die Vögel?
(7) Was wollte Frau Winter pflanzen?
(8) Welche Rosen hatte Frau Winter gern?
(9) Wann ging Frau Winter ins Haus zurück?
(10) Was brachte sie heraus?
(11) Was assen die Kinder gern?

(12) Welche Blumen blühten schon im Garten?
(13) Für wie viele Vasen pflückte Hannelore die Blumen?
(14) Was sang sie?

2. **Ergänzen Sie:**

   (1) Welch....Zeitung liest der Vater?
   (2) Welch....Haus ist sehr alt?
   (3) Essen Sie dies....Apfel!
   (4) Nimm dies....Birne!
   (5) Jen....Haus ist sehr teuer.
   (6) Dies....Diener ist sehr freundlich.
   (7) Rufen Sie jen....Kellner!
   (8) Die Meldezettel sind auf jen   Tisch
   (9) Ich sehe kein....Kinder in dies....Garten.
   (10) Wir kauften gestern dies....Bücher.
   (11) Die Schüler machten jen....Aufgaben gern.
   (12) Welch....Zigaretten rauchen Sie gern?
   (13) Jed....Kind nahm ein Stück Kuchen.
   (14) Dies....Blumen blühen in jed....Garten.

3. **Schreiben Sie im Imperfekt:**

   (1) Die Sonne scheint den ganzen Tag.
   (2) Der Gärtner kann fleissig arbeiten.
   (3) Er will viele Blumen pflanzen.
   (4) Seine Frau muss ihm bei der Arbeit helfen.
   (5) Zuerst bringt sie ihm das Frühstück in den Garten.
   (6) Da kommt auch sein kleiner Sohn.
   (7) Er will dem Vater helfen.
   (8) Der Vater zeigt ihm die Blumen.
   (9) Er nimmt einen kleinen Spaten und pflanzt sie.
   (10) Seine kleinen Freunde wollen ihm helfen.
   (11) Sie kennen alle Blumen im Garten.
   (12) Die Rosen sind sehr teuer. Weisst du das nicht?

4. **Use kennen or wissen:**

   (1) Ich....Herrn Winter sehr gut.
   (2) Er...., wie spät es ist.
   (3) Bitte, wo ist die Mozartstrasse? Ich....es nicht.
   (4) Wir....alle Leute in diesem kleinen Dorf.

(5) .... Sie dieses schöne Lied?
(6) .... Sie, wann der Gottesdienst beginnt?

5. **Form sentences from the word groups given below:**

(1) Bad mit ich kann haben Einzelzimmer ein?

(2) der Bier Glas ihm Kellner ein bringt.

(3) den besichtigen will am Nachmittag er noch Volksgarten.

(4) Café in einem Herr Schmidt eine Tasse und Stück ein Torte Kaffee bestellt.

(5) Butterbrote und Kinder bringt ihre Frau Winter für Limonade.

LESSON 18

GUTE NACHBARN

An einem schönen Nachmittag sass Frau Winter am Fenster und stickte an einem Deckchen. Sie sah ihre Nachbarin Frau Köhler mit ihrem Töchterchen Gretchen durch die Gartenpforte kommen. Hannelore sah auch die beiden, und sie ging zur Haustür und liess den Besuch ein.

Die beiden Damen begrüssten einander, und das kleine Mädchen machte ein hübsches Knickschen. Nachher sagte Frau Köhler:

„Ich habe eine grosse Bitte an Sie, Frau Winter. Darf Gretchen ein paar Stunden bei Ihnen bleiben? Ich muss meine Mutter im Krankenhaus besuchen."

„Aber mit Vergnügen, Frau Köhler. Wir alle haben ihr Töchterchen so gern. Nicht wahr, Hannelore?"

„Herzlichen Dank, Frau Winter," sagte Frau Köhler und verliess das Haus.

Gretchen blieb nun bei ihren Nachbarinnen. Das gefiel ihr sehr. Sie war sehr neugierig. Sie ging im Wohnzimmer herum und stellte viele Fragen. Auf dem Tischchen in der Ecke sah sie ein neues Buch und fragte ihre grosse Freundin Hannelore:

„Hannelore, wem gehört dieses schöne, rote Buch mit den vielen Bildern?"

„Jenes Buch gehört meinem Bruder Klaus."

„Und wem gehört diese goldene Brosche mit den Perlen. Sie gehört sicherlich dir, nicht wahr?"

„Nein, diese Brosche gehört meiner Mutter, aber vor vielen, vielen Jahren gehörte sie meiner Grossmutter."

„O, dann muss sie sehr alt sein.—Weisst du was, Hannelore? Ich habe jetzt ein schwarzes Kätzchen. Ich darf es füttern. Ich schütte seine Milch in ein rotes Schüsselchen. Das Kätzchen ist so nett; es hat kleine, weisse Pfötchen, ein rosa Näschen und ein kleines Schwänzchen, und das Kätzchen schnurrt so laut. Du musst einmal zu uns kommen, um es zu sehen. Aber jetzt,

97

liebe Hannelore, erzähle mir noch einmal das englische
Märchen von den drei Bären und dem kleinen Mädchen mit
den goldenen Locken. Ich höre dieses Märchen so gern.
Ich kann dir erzählen, was das kleine Bärlein sagte. Es hatte
ein sehr feines Stimmchen: — Ach! mein Stühlchen ist kaputt!
O weh! mein Schüsselchen ist leer, und ich kann kein Früh-
stück mehr haben! O du lieber Himmel! Wer schläft in
meinem Bettchen? —
Ist das nicht schön, Hannelore? Aber jetzt erzähle mir die
ganze Geschichte von Anfang an. Dann weiss ich alles genau
und kann sie meinem Vetter erzählen."
So erzählte Hannelore das ganze Märchen. Nachher wollte
Gretchen singen. Die beiden Mädchen sangen das „Heiden-
röslein". Frau Winter begleitete das Lied auf dem Klavier.
Nach zwei Stunden holte Frau Köhler ihr Töchterchen ab.
Sie war ihrer Nachbarin sehr dankbar.

HEIDENRÖSLEIN

Sah ein Knab' ein Röslein stehn,
Röslein auf der Heiden,
War so jung und morgenschön,
Lief er schnell, es nah zu sehn,
Sah's mit vielen Freuden.
Röslein, Röslein, Röslein rot,
Röslein auf der Heiden.

Knabe sprach: „Ich breche dich,
Röslein auf der Heiden!"
Röslein sprach: „Ich steche dich,
Dass du ewig denkst an mich,
Und ich will's nicht leiden."
Röslein, Röslein, Röslein rot,
Röslein auf der Heiden.

Und der wilde Knabe brach
's Röslein auf der Heiden;
Röslein wehrte sich und stach,
Half ihm doch kein Weh und Ach,
Musst' es eben leiden.

Röslein, Röslein, Röslein rot,
Röslein auf der Heiden.

Johann Wolfgang von Goethe.

(1749–1832)

Vocabulary for the poem:

die Heide	heath
die Freude (n)	joy, pleasure
brechen, brach	to break
ewig	for ever, eternal
leiden	to suffer
es wehrte sich	it defended itself
stechen, stach	to prick
Weh und Ach	lamentation

Vocabulary:

der Nachbar (n)	neighbour
der Besuch (e)	visitor, visit
der Knicks (e)	curtsy
der Schwanz (¨e)	tail
der Bär (en)	bear
der Stuhl (¨e)	chair
der Anfang (¨e)	beginning
der Vetter (-)	cousin (male)
die Nachbarin (nen)	neighbour (female)
die Freundin (nen)	girl friend, lady friend
die Decke (n)	cover
die Pforte (n)	gate
die Dame (n)	lady
die Katze (n)	cat
die Schüssel (n)	dish, bowl
die Pfote (n)	paw
die Nase (n)	nose
die Locke (n)	curl
die Stimme (n)	voice
die Geschichte (n)	story
die Bitte (n)	request
die Frage (n)	question
die Perle (n)	pearl

das Deckchen (-)	coverlet, cloth
das Mädchen (-)	girl
das Krankenhaus (∸er)	hospital
das Vergnügen (-)	pleasure
das Bild (er)	picture
das Märchen (-)	fairy-tale
das Bett (en)	bed
das Klavier (e)	piano
sticken	to embroider
einlassen (sep)	
lässt ein, liess ein	to let in
herumgehen (sep) ging	
herum	to walk round
gehören (dat.)	to belong to
schütten	to pour, pour out
schnurren	to purr
abholen (sep)	to collect, call for
hübsch	pretty
herzlich	hearty
neugierig	curious, inquisitive
schwarz	black
golden	gold (made of gold), golden
kaputt	broken
leer	empty
dankbar	grateful
ach! o weh!	oh dear!

ZUM LERNEN

nicht wahr?	is it not so?
herzlichen Dank	Many thanks
eine Frage stellen	to ask a question
ein feines Stimmchen	a tiny voice
von Anfang an	from the beginning
die beiden	the two

GRAMMATIK

1. Diminutives.

In German all diminutives are neuter and end in **-chen** or **-lein**: das Türchen, das Tischlein, das Fensterchen, das Deckchen, Gretchen (dimin. of Margarete), das Mützchen.

Note: das Mädchen and das Fräulein are *neuter*, although they denote females.

Most diminutives take the *Umlaut*: das Brüderchen, das Röslein, das Kätzchen, das Töchterchen, das Stühlchen, das Häuschen, etc.

2. Interrogatives.

(a) Nom wer?   who?
     Acc. wen?   whom?
     Dat. wem?   to whom?

Examples:
  Wer ist da?
  Wen sehen Sie im Garten?
  Mit wem spielen Sie Karten?

(b) *was für ein, eine, ein*   what sort of? what kind of? or simply, what?

Examples:
  Was für ein Haus hat er?
  Was für einen Wein trinken Sie gern?
  Was für Bücher lesen Sie?

3. Phrases with the dative case.

Wem gehört dieses Buch?	To whom does this book belong?
Es gehört mir.	It belongs to me (or it is mine).
bei mir	at my house, with me
bei uns	at our house, with us
bei Ihnen	at your house, with you
bei ihren Nachbarn	at their neighbours' house
Mein Bruder wohnt bei uns.	My brother lives with us.

Karl wohnt bei seinem	Charles lives with his grand-
Grossvater.	father.
Das gefällt ihr sehr.	She likes it very much.

AUFGABEN

1. **Beantworten Sie folgende Fragen:**
   (1) Was machte Frau Winter an einem Nachmittag?
   (2) Wen sah sie durch die Gartenpforte kommen?
   (3) Wer machte ein hübsches Knixchen?
   (4) Wer hatte das kleine Gretchen gern?
   (5) Wen musste Frau Köhler im Krankenhaus besuchen?
   (6) Was sah Gretchen im Wohnzimmer?
   (7) Wem gehörte das rote Buch mit den vielen Bildern?
   (8) Wem gehörte die goldene Brosche?
   (9) Was für ein Tier hatte Gretchen?
   (10) Welches Märchen erzählte Hannelore?
   (11) Was machten die beiden Mädchen nachher?
   (12) Wann holte Frau Köhler ihr Töchterchen ab?

2. **Geben Sie die Verkleinerungsform (Diminutive) von:**
   das Kind, der Sohn, die Mutter, der Garten, die Tasche,
   der Kamm, der Mann, der Hut, die Blume, das Stück, der
   Brief, die Flasche, der Löffel, die Bank, der Mantel.

3. **Ergänzen Sie:**
   (1) W....gehört dies....neu....Füllfeder?   Ihr....
       Vater oder Ihr....Schwester?
   (2) W....gehört dies....alt....Regenschirm?   Dein
       ....Grossmutter oder dein....Mutter?
   (3) Jen....rot....Buch gehört mein....Bruder.
   (4) Wir wohnen....unseren Eltern.
   (5) Er verbringt d....Sommer bei sein....Freund.
   (6) ....Uhr ist es? Es ist....
   (7) Wann kommt Ihr Mann....Hause?
   (8) Am Abend sind wir oft....Hause.
   (9) D....ist mein....neu....Regenschirm.
   (10) Mit....tanzt ihr Sohn?

(11) W....trafen Sie gestern....Park?

(12) Gehen Sie in d....Küche und holen Sie mein....
alt....Einkaufstasche!

4. **Übersetzen Sie ins Englische:**

Ich muss mit meinem Freund eine Woche in Köln bleiben. In der Stadtmitte finden wir ein gutes Hotel. Wir bekommen ein Doppelzimmer (double room) mit Bad. Zuerst muss jeder von uns einen Meldezettel ausfüllen. Da steht: Vorname, Familienname, Staatsangehörigkeit, Beruf, Geburtsort, Geburtsdatum, Unterschrift. Wir beide verstehen genug Deutsch und füllen unsere Meldezettel ohne Schwierigkeiten aus. Dann kommt ein Hoteldiener. Er nimmt unsere Koffer und führt uns zum Aufzug. Unser Zimmer ist im dritten Stock. Es ist ganz gross und gemütlich. Nach dem Bad ziehe ich einen blauen Anzug an. Mein Freund zieht einen grauen Anzug an. Nachher gehen wir aus, um die Stadt zu besichtigen.

5. **Schreiben Sie Aufgabe 4 im Imperfekt.**

EINE DAMPFERFAHRT AUF DEM RHEIN

Letzten Samstag machte Klaus mit seinem Freund eine Dampferfahrt auf dem Rhein. Sie fuhren mit dem Dampfer von Mainz nach Koblenz. Klaus stand sehr früh auf und half seiner Mutter, den Rucksack zu packen. Seine Mutter packte für ihn Wurst-und Käsebrote, Äpfel und vier Stück Kuchen ein. Um 7 Uhr fuhr Klaus mit der Strassenbahn zum Hauptbahnhof, um dort seinen Freund zu treffen. Peter wartete bereits auf ihn. Sie fuhren von Frankfurt nach Mainz mit dem Zug. In Mainz war der Dampfer schon an der Landungsstelle. Die beiden Jungen lösten ihre Fahrkarten und gingen auf den Dampfer. Auf dem Dampfer waren bereits viele Leute. Klaus und Peter gingen zuerst auf das obere Deck. Sie konnten von dort alles viel besser sehen, und sie genossen die schöne Aussicht auf die beiden Ufer. Peter brachte zwei Liegestühle. Klaus legte seinen Rucksack unter den Liegestuhl. Die Jungen sassen in ihren Liegestühlen und beobachteten die Ufer an beiden Seiten. Der Dampfer fuhr ganz schnell, und die Fahrt nach Bingen dauerte nicht sehr lange. Klaus und Peter standen auf und gingen auf dem Schiff herum. Viele Leute stiegen in Bingen aus, aber nur wenige Passagiere stiegen ein. Der Dampfer fuhr bald von Bingen wieder ab, und die Jungen gingen auf ihre Plätze zurück. Sie nahmen ihre Butterbrote aus den Rucksäcken heraus und assen sie mit grossem Appetit. Leider begann es nach einer Weile zu regnen, und die Passagiere gingen auf das untere Deck. Graue Wolken bedeckten den Himmel, und es war sehr dunkel. Plötzlich stieg ein kleines Mädchen auf das Geländer, und Peter sah es gerade zur rechten Zeit. Er lief zum Geländer und hob es herunter. „Du musst hier nicht spielen!" sagte Peter zu ihm, „das ist hier sehr gefährlich, du kannst sehr leicht ins Wasser fallen und ertrinken. Du kannst doch nicht schwimmen!" Das kleine Mädchen begann zu weinen und lief zu seiner Mutter. Die Mutter sagte zu ihrer Tochter:

„Tue das nie wieder!"

Sie dankte Peter und gab ihm eine Tafel Schokolade. Nach einer Weile kam die Sonne wieder aus den Wolken heraus, und Klaus und Peter gingen auf das obere Deck zurück. Leider waren die Liegestühle nass, aber die Sonne trocknete sie bald. Inzwischen spazierten die Jungen auf dem Deck herum und kamen zu der Brücke. Peter beobachtete den Kapitän, und nach einer Weile fragte er seinen Freund:

„Was tut der Kapitän die ganze Zeit auf der Brücke?"

„Er ist für alles verantwortlich. Auf einem Schiff muss immer alles in Ordnung sein," erwiderte Klaus.

Die Jungen gingen nun zu ihren Liegestühlen zurück. Sie sassen dort noch ein paar Stunden und bewunderten die herrliche Landschaft am rechten Rheinufer. Um 6 Uhr abends kam der Dampfer in Koblenz an. Peter hatte eine Tante in Koblenz; er wollte sie mit seinem Freund in ihrer Wohnung besuchen und dort die Nacht verbringen.

Sie blieben noch den ganzen Sonntag in Koblenz bei Peters Tante, und am Abend fuhren sie mit dem Autobus wieder nach Hause.

Vocabulary:

der Dampfer (-)	steamer
der Rucksack (⸚e)	rucksack
der Liegestuhl (⸚e)	deck-chair
der Passagier (e)	passenger
der Platz (⸚e)	seat
der Appetit	appetite
der Kapitän (e)	captain
der Autobus (se) ⎱ der Omnibus (se) ⎰	omnibus, coach
die Fahrt (en)	journey, trip
die Strassenbahn (en)	tram
die Landungsstelle (n)	landing-place, pier

die Aussicht (en)	view
die Wolke (n)	cloud
die Brücke (n)	bridge
die Landschaft (en)	landscape
die Tante (n)	aunt
die Wohnung (en)	flat
das Deck (e)	deck
das Ufer (-)	bank, shore
das Geländer (-)	railing
das Wasser	water
packen einpacken (sep) }	to pack
geniessen, genoss	to enjoy
dauern	to last
bedecken	to cover
heben, hob	to lift
herunterheben (sep) hob herunter	to take down
fallen, fällt, fiel	to fall
ertrinken, ertrank	to drown
schwimmen, schwamm	to swim
tun, tat	to do
trocknen	to dry
erwidern	to reply
ober	upper
unter	lower
besser	better
wenig	few
dunkel	dark
gefährlich	dangerous
nass	wet
verantwortlich	responsible
herrlich	splendid
doch	surely
inzwischen	in the meantime

gegen (acc.)	against
seit (dat.)	since
hinter (acc. or dat.)	behind
über (acc. or dat.)	over
unter (acc. or dat.)	under
vor (acc. or dat.)	before, in front of
zwischen (acc. or dat.)	between

ZUM LERNEN

nach einer Weile	after a while
zur rechten Zeit	at the right time
eine Tafel Schokolade	a bar of chocolate

GRAMMATIK

1. **Prepositions.**
   (a) The following prepositions always govern the accusative case: durch, für, gegen, ohne, um.

   Examples:
   Wir gehen durch den Park.
   Ich kaufe für meinen Sohn eine Mütze.
   Herr Schiller hat nichts gegen den Hund.
   Er geht ohne seinen Mantel spazieren.
   Wir sitzen um den Tisch.

   (b) The following prepositions always govern the dative case: aus, bei, mit, nach, seit, von, zu.

   Examples:
   Die Leute kommen aus der Kirche.
   Nach dem Abendessen gingen wir ins Kino.
   Seit seinem Geburtstag kauft er keine Taschentücher.
   Peter fährt zu seiner Tante.

   (c) The following prepositions govern the accusative case when they indicate motion, answering the question whither? (wohin?), and the dative case when they indicate rest or motion within a place:
   an, auf, hinter, in, neben, über, unter, vor, zwischen.

Examples:

Dative	Accusative
Die Katze sitzt hinter der Tür.	Stelle die Flasche hinter die Tür!
Er sitzt zwischen seinem Bruder und seiner Schwester.	Er lief zwischen das Haus und die Garage, um den Hund zu fangen.
Der Hund schläft neben dem Klavier.	Stelle den kleinen Stuhl neben das Klavier.
Um zwölf Uhr steht die Sonne über dem Haus.	Wir gehen über die Brücke.

2. Conjugation of the verb TUN—TO DO.

Present	Imperfect
ich tue	tat
du tust	tatst
er tut	tat
sie tut	tat
es tut	tat
wir tun	taten
ihr tut	tatet
Sie tun	taten
sie tun	taten

AUFGABEN

1. **Beantworten Sie folgende Fragen:**
    (1) Wer machte eine Dampferfahrt auf dem Rhein?
    (2) Was packte die Mutter in den Rucksack ein?
    (3) Wo traf Klaus seinen Freund?
    (4) Wohin fuhren Sie mit dem Zug?
    (5) Wo war schon der Dampfer?
    (6) Wohin gingen die Jungen zuerst?
    (7) Was beobachteten Klaus und Peter?
    (8) Waren die Jungen hungrig und was assen sie?
    (9) War das Wetter die ganze Zeit schön?
    (10) Was tat ein kleines Mädchen?
    (11) Was bekam Peter von einer Dame?

(12) Um wieviel Uhr kam der Dampfer in Koblenz an?
(13) Wo verbrachten die beiden Freunde die Nacht?
(14) Wann fuhren sie wieder nach Hause?

2. **Ergänzen Sie:**

   (1) Wir fahren mit d....Autobus.
   (2) Ich kaufe für mein....Mutter ein Geschenk.
   (3) Peter wohnt bei sein....Tante.
   (4) Diese Kinder spielen neben d....Haus.
   (5) Die Leute kommen aus d Kino und gehen in d....Park.
   (6) Der Onkel steht vor d....Tür und klingelt.
   (7) Auf d....Klavier steht eine schöne Vase.
   (8) Wir haben vor unser....Haus einen grossen Garten.
   (9) Zu sein....Geburtstag bekam er von sein....Mutter einen Pullover.
   (10) Zwischen d....Tür und d....Tisch steht ein Stuhl.

3. **Geben Sie die richtige Form des Verbs.**

   (1) Was (tun) du in der Küche?
   (2) (Können) du mich morgen besuchen?
   (3) Was (tun) er in der Abendschule?
   (4) Ich (wollen) das neue Buch lesen.
   (5) Der Grossvater (besuchen) uns und (bringen) uns schöne Geschenke.
   (6) Klaus (müssen) seine Aufgaben schreiben.
   (7) Er (wissen) nicht, wo der kleine Knabe wohnt.
   (8) Herr Schiller (kennen) Manchester sehr gut, aber er (wissen) nicht, wo der neue Flughafen ist.

4. **Schreiben Sie Aufgabe 3 im Imperfekt.**

5. **Form sentences from the word groups below:**

   (1) verbringen Nacht wir die bei Tante unserer.
   (2) noch Sie wollen Wurstbrot ein und Bier Glas ein?
   (3) packte Mutter die am Samstagmorgen für Koffer den ihren Sohn.

(4) Grossmutter wir am Sonntag besuchen nicht unsere können.

(5) Geschäftsreise nächste Woche machen Herr Winter muss eine.

6. **Übersetzen Sie ins Englische:**

Letzten Sommer machten wir mit unseren Nachbarn eine Dampferfahrt auf dem Rhein. Wir standen um halb sieben Uhr auf. Nach dem Frühstück packten wir unsere Rucksäcke in der Küche. Unsere Nachbarn warteten schon bei der Gartenpforte auf uns. Wir fuhren mit dem Autobus zur Landungsstelle, lösten unsere Fahrkarten und gingen auf den Dampfer. Die Fahrt war herrlich. Wir sassen in Liegestühlen und genossen die schöne Aussicht. Bald waren wir hungrig und assen mit grossem Appetit unsere Butterbrote und Äpfel. Die Männer tranken Bier, und alle Leute waren sehr lustig und sangen Rheinlieder. Spät am Abend kamen wir sehr müde wieder nach Hause zurück.

LESSON 20

EIN URLAUB IN DEUTSCHLAND

Mr. und Mrs. Smith wohnen in Bolton in Nordengland. Im August 1961 verbrachten sie ihren Urlaub in der Schweiz. Sie blieben zwei Wochen in einem Hotel in Luzern. Eine deutsche Familie, Herr und Frau Huber und ihre beiden Kinder Gerda und Dieter, verbrachten dort auch ihren Urlaub. Herr Huber und seine Kinder konnten sehr gut Englisch. Frau Huber sprach kein Englisch. Mrs. Smith konnte kein Deutsch, aber sie verstanden sich sehr gut. Sie gebrauchten oft die Zeichensprache. Die beiden Familien waren bald gute Freunde. Die Hubers luden die Smiths ein, ihren nächsten Urlaub bei ihnen in Stuttgart zu verbringen.

Dieter wollte im Herbst nach England fahren, um noch mehr Englisch zu lernen. Er wollte bei einer grossen Firma in Manchester arbeiten. So luden die Smiths ihn ein, sie in Bolton zu besuchen.

Nach dem Urlaub in der Schweiz hatten die Smiths grosse Lust, Deutsch zu lernen. Sie besuchten die Abendschule und lernten sehr fleissig die deutsche Sprache. Dieter besuchte sie fast jeden Sonntag und sprach mit ihnen nur Deutsch. Sie nahmen Dieter auch ein paarmal zum Englisch-Deutschen Klub mit. Die Engländer und die Deutschen sangen dort deutsche Lieder, hörten auch deutsche Schallplatten und tranken Bier, Wein oder Kaffee. So hatte Dieter einen sehr angenehmen Aufenthalt in England.

Ende Juli 1962 hatten Mr. und Mrs. Smith wieder Urlaub, und sie reisten mit ihrem Wagen nach Deutschland. Die Autobahn gefiel ihnen besonders gut, denn sie konnten sehr schnell fahren. So kamen sie am 30. Juli in Stuttgart an.

Die Hubers hatten dort eine sehr grosse, moderne Wohnung mit einer Terrasse. Diese führte in einen wunderschönen Garten. Bei heissem Wetter war es auf der Terrasse sehr kühl. Von dort genossen sie eine schöne Aussicht auf Stuttgart.

Herr Huber machte seinen englischen Freunden den Aufenthalt in Deutschland sehr angenehm. Jeden Tag machten sie Ausflüge. Eines Tages tranken sie Kaffee im Restaurant auf dem Fernsehturm. Dieser Turm ist 211 Meter (693 Fuss) hoch. Der Turm schwankte im Wind; es war ein sonderbares Gefühl.

Eines Tages besuchten beide Familien ein Gartenfest. Sie bewunderten dort die schönen Blumen und die Springbrunnen. Am Abend sassen sie im Freien, und ein Orchester spielte Tanzmusik. Viele Leute tanzten. Plötzlich hatte Mrs. Smith eine grosse Überraschung. Das Orchester spielte: 'She's a Lassie from Lancashire'!

An einem anderen Tag führte Herr Huber seine englischen Freunde nach Kuchen. Ja! Kuchen, so heisst ein kleines Dorf in Schwaben. Aber es ist nicht zum Essen. Herr Huber besuchte dort seinen Bruder, und sie verbrachten in seinem Hause einen angenehmen Nachmittag.

Von Kuchen fuhren sie zum Bodensee und verbrachten dort einige Tage. Sie schwammen gern im warmen Wasser, machten mit dem Dampfer Ausflüge und genossen die schöne Aussicht auf die Alpen.

Der Urlaub war leider bald zu Ende, und die Smiths wollten gar nicht nach Hause fahren. Nächstes Jahr kommen die Hubers nach England. Hoffentlich haben sie schönes Wetter.

Vocabulary:

der Klub (s)	club
der Aufenthalt (e)	stay
der Fernsehturm (-e)	television tower
der Meter (-)	metre
der Fuss (-e)	foot
der Springbrunnen (-)	fountain
der Bodensee	Lake Constance
die Zeichensprache (n)	sign language
die Firma (Firmen)	firm, company
die Lust (-e)	desire, pleasure
die Sprache (n)	language
die Autobahn (en)	motorway
die Terrasse (n)	terrace

die Tanzmusik	dance music
das Gartenfest (e)	garden fête
das Gefühl	feeling
das Orchester (-)	orchestra
das Ende (n)	end
(das) Schwaben	Swabia
die Alpen (plural)	the Alps
gebrauchen	to use, make use of
reisen	to travel
gefallen, gefällt, gefiel (dat.)	to please
schwanken	to sway
tanzen	to dance
wunderschön	very beautiful
kühl	cool
sonderbar	strange
fast	almost
ein paarmal	a few times
gar nicht	not at all

AUFGABEN

1. **Beantworten Sie folgende Fragen:**

   (1) Wo wohnen Mr. und Mrs. Smith?
   (2) Wann verbrachten sie ihren Urlaub in der Schweiz?
   (3) Wen trafen sie dort?
   (4) Wer konnte sehr gut Englisch?
   (5) Wer sprach kein Englisch?
   (6) Was für eine Sprache gebrauchten Mrs. Smith und Frau Huber?
   (7) In welcher englischen Stadt arbeitete Dieter?
   (8) Wen besuchte er oft?
   (9) Was machten die Leute im Englisch-Deutschen Klub?
   (10) Wann hatte Mr. Smith wieder Urlaub?
   (11) Wann kamen die Smiths in Stuttgart an?
   (12) Was für eine Wohnung hatten die Hubers?

(13) Wer machte den Aufenthalt in Deutschland angenehm?

(14) Was machten die Smiths und die Hubers auf dem Fernsehturm?

(15) Wann kommt die Familie Huber nach England?

2. **Ergänzen Sie:**

(1) Wir verbringen unser.... Urlaub bei unser.... Freunden in Deutschland.

(2) Sie haben ein gross...., modern.... Haus in München.

(3) Mein Onkel lernt die deutsch.... Sprache in ein.... modern.... Abendschule.

(4) Das klein.... Mädchen spielt mit d.... schwarz.... Kätzchen.

(5) Sie schüttet die Milch in d.... rot.... Schüsselchen.

(6) Nach der lang.... Reise waren unser.... alt.... Freunde sehr müde.

(7) Wir besuchten letzt.... Sonntag unser.... Tante in Köln.

(8) In d.... schön...., gross.... Bahnhofshalle waren sehr viele jung.... Leute.

(9) In dies.... klein.... Dorf fanden wir ein sehr gemütlich.... Gasthaus.

(10) Wir gehen durch d.... klein.... Gartenpforte in d.... gross.... Garten.

(11) Ein alt.... Auto fährt über d.... neu.... Brücke.

(12) Auf d.... Klavier steht ein.... blau.... Vase mit vielen schön.... Blumen.

3. **Fragen Sie einander:**

(1) Wann ist Ihr Geburtstag?

(2) Um wieviel Uhr stehen Sie wochentags auf?

(3) Um wieviel Uhr stehen Sie sonntags auf?

(4) Seit wann lernen Sie Deutsch?

(5) Wo verbrachten Sie Ihren letzten Urlaub?

(6) Haben Sie Freunde in Deutschland?

(7) Laden Sie Ihre deutschen Freunde nach England ein?

(8) Gehen Sie gern ins Kino oder ins Theater?

(9) Finden Sie das Fernsehprogramm immer interessant?

(10) Lesen Sie deutsche Zeitungen?

4. **Form sentences from the word groups below:**

(1) Restaurant spielte in dem Tanzmusik Orchester ein.

(2) angenehmen Abend verbrachten bei unseren wir Freunden einen.

(3) wieder wir nächstes Jahr nach Deutschland fahren.

(4) besuchen ich muss am Sonntag Freund meinen.

(5) ein Stück können Sie Kuchen essen noch?

5. **Übersetzen Sie ins Englische:**

Dieses Buch ist nun zu Ende. Sprechen Sie jetzt ein wenig Deutsch? Sie kennen nun fast 900 Vokabeln. Nun müssen Sie nach Deutschland auf Urlaub fahren, und dann wissen Sie, wie viele Vokabeln Sie wirklich kennen. Oder haben Sie einen deutschen Freund? Sie können ihm einen Brief auf Deutsch schreiben. Warum versuchen Sie es nicht?

Hoffentlich haben Sie nächsten Herbst und Winter genug Zeit, um die Abendschule wieder zu besuchen. Sie können dann noch mehr Deutsch lernen.

Vielleicht sehen wir Sie wieder im September.

Also, auf Wiedersehen!

LIST OF STRONG AND IRREGULAR VERBS

Infinitive	3rd pers. Present	Imperfect	English
abfahren	fährt ab	fuhr ab	depart
abgeben	gibt ab	gab ab	give, hand in
anbieten	bietet an	bot an	offer
ankommen	kommt an	kam an	arrive
anziehen	zieht an	zog an	put on (clothes), dress
aufstehen	steht auf	stand auf	get up
ausgehen	geht aus	ging aus	go out
aussteigen	steigt aus	stieg aus	get off, alight
backen	bäckt	buk (backte)	bake
beginnen	beginnt	begann	begin
bekommen	bekommt	bekam	get, receive
bleiben	bleibt	blieb	remain, stay
bringen	bringt	brachte	bring, fetch
denken	denkt	dachte	think
einladen	lädt ein (ladet ein)	lud ein	invite
einlassen	lässt ein	liess ein	let in
einsteigen	steigt ein	stieg ein	get in, board
empfehlen	empfiehlt	empfahl	recommend
erkennen	erkennt	erkannte	recognize
ertrinken	ertrinkt	ertrank	drown
essen	isst	ass	eat
fahren	fährt	fuhr	travel, drive
fallen	fällt	fiel	fall
fangen	fängt	fing	catch
finden	findet	fand	find
fliegen	fliegt	flog	fly
fressen	frisst	frass	eat (of animals)
geben	gibt	gab	give
gefallen	gefällt	gefiel	please
gehen	geht	ging	go
geniessen	geniesst	genoss	enjoy
haben	hat	hatte	have
halten	hält	hielt	hold
heben	hebt	hob	lift
helfen	hilft	half	help
herumgehen	geht herum	ging herum	walk round
herunterheben	hebt herunter	hob herunter	take down
kennen	kennt	kannte	know (a person or a thing)
kommen	kommt	kam	come
können	kann	konnte	able to, can
lassen	lässt	liess	let, leave
laufen	läuft	lief	run
lesen	liest	las	read

Infinitive	3rd pers. Present	Imperfect	English
müssen	muss	musste	have to, must
nachschlagen	schlägt nach	schlug nach	look up (in a book)
nachsehen	sieht nach	sah nach	look for, look into
nehmen	nimmt	nahm	take
rufen	ruft	rief	call
scheinen	scheint	schien	shine
schlafen	schläft	schlief	sleep
schliessen	schliesst	schloss	shut
schreiben	schreibt	schrieb	write
schwimmen	schwimmt	schwamm	swim
sehen	sieht	sah	see
sein	ist	war	to be
senden	sendet	sandte (sendete)	send
singen	singt	sang	sing
sitzen	sitzt	sass	sit
sprechen	spricht	sprach	speak
stehen	steht	stand	stand
stehenbleiben	bleibt stehen	blieb stehen	stop
steigen	steigt	stieg	climb
teilnehmen	nimmt teil	nahm teil	take part
tragen	trägt	trug	carry
treffen	trifft	traf	meet
trinken	trinkt	trank	drink
tun	tut	tat	do
umsteigen	steigt um	stieg um	change (train)
verbleiben	verbleibt	verblieb	remain
verbringen	verbringt	verbrachte	spend (time)
verlassen	verlässt	verliess	leave
versprechen	verspricht	versprach	promise
verstehen	versteht	verstand	understand
vorweisen	weist vor	wies vor	show forth (produce)
wissen	weiss	wusste	know (a fact)

VOCABULARY

Abend (e) m. evening
Abendessen (-) n. dinner, evening meal
abends in the evening
Abendschule (n) f. evening school
aber but
abfahren (sep.)
  fährt ab, fuhr
  ab to depart
abgeben (sep.)
  gibt ab, gab ab to give, hand in
abholen (sep.) to collect, call for
ablegen (sep.) to take off (clothes)
Abteil (e) n. compartment
acht eight
Adresse (n) f. address
Affe (n) m. monkey
alle all
allein alone
allerlei all sorts
alles everything
Alpen die (plural) Alps
alt old
Amerikaner (-) m. American
an (acc. or dat.) at, on
anbieten (sep.)
  bot an to offer
ander other
Anfang (⁻e) m. beginning
angenehm pleasant
ankommen (sep.)
  kam an to arrive
Anschluss (⁻e) m. train connection
antworten to answer
anziehen (sep.)
  zog an to put on, dress
Anzug (⁻e) m. suit
Apfel (⁻) m. apple
Appetit m. appetite
Aprikose (n) f. apricot
April m. April
Arbeit (en) f. work, employment
arbeiten to work
Arbeitszimmer(-)
  n. study
artig well-behaved
auch also
auf (acc. or dat.) on
Aufenthalt (e) m. stay
aufmachen (sep.) to open
aufräumen (sep.) to tidy up

aufstehen (sep.)
  stand auf to get up
Aufzug (⁻e) m. lift
August m. August
aus (dat.) from, out of
Ausflug (⁻e) m. excursion, trip, out-
  ing
ausfüllen (sep.) to fill in
ausgehen (sep.)
  ging aus to go out
ausgezeichnet excellent
Auskunft (⁻e) f. information
Auskunftsbüro (s)
  n. inquiry office
ausserdem besides
Aussicht (en) f. view
aussteigen (sep.)
  stieg aus to get off, alight
Auto (s) n. motor-car
Autobahn (en) f. motorway
Autobus (se) m. omnibus, coach

backen, buk to bake
Bäcker (-) m. baker
Bad (⁻er) n. bath
Badezimmer (-) n. bathroom
Bahnhof (⁻e) m. railway station
Bahnhofshalle (n)
  f. station hall
Bahnsteig (e) m. platform
Bahnsteigkarte
  (n) f. platform ticket
bald soon
Banane (n) f. banana
Bank (⁻e) f. form
Bär (en) m. bear
Bauer (n) m. farmer
Beamte (n) m. official
bedecken to cover
beginnen, begann to begin
begleiten to accompany, es-
  cort
begrüssen to greet, welcome
bei (dat.) at
beide both
beisammen together
bekannt well known, familiar
bekommen, be-
  kam to get, receive
beobachten to observe, watch
bereit ready, prepared

118

bereits	already	Café (s) n.	café
Beruf (e) m.	profession	da	there
berühmt	famous	dabei	at the same time, in
beschäftigt	busy		doing so
besichtigen	to view, inspect	Dame (n) f.	lady
besonders	especially	Dampfer (-) m.	steamer
besorgen	to get, provide	dankbar	grateful
besser	better	danken	to thank
bestellen	to order	dann	then
Besuch (e) m.	visitor, visit	das	the (n), that
besuchen	to visit, attend	dauern	to last
Bett (en) n.	bed	Deck (e) n.	deck
bewundern	to admire	Deckchen (-) n.	coverlet, cloth
bezahlen	to pay for	Decke (n) f.	blanket, cover
Bier (e) n.	beer	decken	to lay (the table),
Bild (er) n.	picture		cover
billig	cheap	dein	your (familiar form
Birne (n) f.	pear		singular)
bis	until	denken, dachte	to think
Bitte (n) f.	request	denn	for
bitte	please	der	the (m)
bitterlich	bitterly	deshalb	therefore
blättern	to turn over pages (in	Deutsch n.	German (language)
	a book)	deutsch	German
blau	blue	Deutschland n.	Germany
bleiben, blieb	to remain, stay	Dezember m.	December
blühen	to flower	dich	you (acc. familiar
Blume (n) f.	flower		form singular)
Blumenbeet (e) n.	flower-bed	die	the (f)
Blumenkohl m.	cauliflower	Dieb (e) m.	thief
Bluse (n) f.	blouse	Diener (-) m.	servant, attendant
Blüte (n) f.	bloom, blossom	Dienstag m.	Tuesday
Bodensee m.	Lake Constance	dieser, -e, -es	this
Börse (n) f.	purse	dir	thee (dat. familiar
böse	angry		form singular)
brauchen	to need, require	direkt	direct(ly)
Brief (e) m.	letter	doch	surely
Briefträger (-) m.	postman	Dom (e) m.	cathedral
bringen, brachte	to bring, fetch	Donnerstag m.	Thursday
Brosche (n) f.	brooch	Doppelzimmer(-)	
Brot n.	bread	n.	double-room
das belegte		Dorf (¨ er) n.	village
Brot n.	open sandwich	dort	there
Brötchen (-) n.	bread roll	draussen	outside
Brücke (n) f.	bridge	drei	three
Bruder (¨) m.	brother	du	thou (familiar form
Buch (¨ er) n.	book		singular)
Bundesbahn (en)		Duft (¨ e) m.	scent, fragrance
f.	federal railway	dumm	silly, stupid
bunt	colourful, gay col-	dunkel	dark
	oured, of many	durch (acc.)	through
	colours	Durst m.	thirst
Büro (s) n.	office	durstig	thirsty
Butter f.	butter		
Butterbrot (e) n.	bread and butter,	Ecke (n) f.	corner
	sandwich	Ei (er) n.	egg

ein, eine, ein	a	fahren, fährt,	
ein paar	a few	fuhr	to travel, drive
ein paarmal	a few times	Fahrkarte (n) f.	ticket (train)
einander	one another	Fahrkartenschal-	
einfach	single, simple	ter (-) m.	booking-office
einkaufen (sep.)	to shop	Fahrplan (¨ e) m.	time-table
Einkaufstasche		Fahrt (en) f.	journey, trip
(n) f.	shopping bag	fallen, fällt, fiel	to fall
einladen (sep.)		Familie (n) f.	family
lud ein	to invite	Familienname (n)	
einlassen (sep.)		m.	surname
lässt ein, liess		fangen, fängt,	
ein	to let in	fing	to catch
einmal	sometime, once	Farbe (n) f.	colour
einpacken (sep.)	to pack	fast	almost
eins	one	Februar m.	February
einsteigen (sep.)		Felsen (-) m.	rock, cliff
stieg ein	to get in, board	Fenster (-) n.	window
Einzelzimmer (-)		Ferien die (pl.)	school holiday
n.	single room	Fernsehapparat	
elf	eleven	(e) m.	television set
Empfangsdame		Fernsehturm (¨ e)	
(n) f.	receptionist	m.	television tower
empfehlen, emp-		fertig	ready
fahl	to recommend	fett	fat
Ende (n) n.	end	finden, fand	to find
endlich	at last	Firma (Firmen) f.	firm, company
England n.	England	Flasche (n) f.	bottle
Engländer (-) m.	Englishman	Fleisch n.	meat, flesh
Englisch n.	English (language)	fleissig	industrious, diligent
englisch	English	fliegen, flog	to fly
enttäuschen	to disappoint	Flughafen (¨) m.	airport
er	he	Flugzeug (e) n.	aircraft
Erfrischungsraum		Frage (n) f.	question
(¨ e) m.	refreshment room	fragen	to ask
erkennen, er-		Franzose (n) m.	Frenchman
kannte	to recognize	Frau (en) f.	woman, Mrs., wife
erklären	to explain	Fräulein n.	Miss
erreichen	to reach, catch (a	frei	free, vacant
	train)	Freitag m.	Friday
erstaunt	astonished	fressen, frisst, frass	to eat (of animals)
ertrinken, er-		Freund (e) m.	friend
trank	to drown	Freundin (nen) f.	girl friend, lady
erwachen	to wake up		friend
erwarten	to expect, await	freundlich	friendly
erwidern	to reply	Freundlichkeit	
erzählen	to tell, relate	(en) f.	kindness, friendliness
es	it	frisch	fresh
es ist	it is, there is	froh	glad, happy
es sind	there are	früh	early
essen, isst, ass	to eat	Frühling (e) m.	spring
Essen n.	food, meal	Frühstück (e) n.	breakfast
etwas	some, something	frühstücken	to take breakfast
euch	you (acc. & dat. fam-	führen	to lead, to take (to a
	iliar form plural)		place)
euer	your (familiar form	Füllhalter (n) m.	
	plural)		fountain pen

fünf	five	Geschenk (e) n.	present
für (acc.)	for	Geschichte (n) f.	story
Fuss (˝e) m.	foot	gestern	yesterday
füttern	to feed (animals)	gewöhnlich	usual (ly)
		Glas (˝er) n.	glass
Gabel (n) f.	fork	gleich	at once, immediately
Gans (˝e) f.	goose	glücklich	happy
Gänsebraten (-)		golden	gold (made of gold),
m.	roast goose		golden
ganz	whole, quite	Gottesdienst (e)	
Garage (n) f.	garage	m.	divine service
Garten (˝) m.	garden	Grammatik (en)	
Gartencafé (s) n.	garden café	f.	grammar
Gartenfest (e)		grau	grey
n.	garden fête	gross	large, big
Gärtner (-) m.	gardener	Grossmutter(˝) f.	grandmother
Gast (˝e) m.	guest, visitor	Grosspapa (s) m.	grandad
Gasthaus (˝er) n.	inn	Grossvater (˝) m.	grandfather
geben, gibt, gab	to give	gut	good, well
gebrauchen	to use, make use of		
Geburtsdatum		haben, hatte	to have
(Geburtsdaten)		Halle (n) f.	hall
n.	date of birth	halten, hält, hielt	to stop
Geburtsort (e) m.	place of birth	hart	hard
Geburtstag (e) m.	birthday	Hauptbahnhof	
Geduld f.	patience	(˝e) m.	central station
gefährlich	dangerous	Haus (˝er) n.	house
gefallen (dat.),		nach Hause	going home, moving
gefällt, gefiel	to please		towards home
Gefühl (e) n.	feeling	zu Hause	at home
gegen (acc.)	against	Haustür (en) f.	front-door
gegenüber (dat.)	opposite	heben, hob	to lift
gehen, ging	to go	heilen	to cure
gehören (dat.)	to belong to	heiss	hot
Geländer (-) n.	railing	helfen, hilft, half	to help
Geld n.	money	hell	light, bright
Gemüse n.	vegetables	heraus	out of (towards the
Gemüsesuppe (n)			speaker)
f.	vegetable soup	Herbst (e) m.	autumn
gemütlich	comfortable, cosy	Herr (en) m.	gentleman, Mr.
genau	exactly	herrlich	splendid
geniessen, genoss	to enjoy	herumgehen	
genug	enough	(sep.) ging	
geöffnet	opened	herum	to walk round
Gepäck (e) n.	luggage	herunterheben	
Gepäckschalter(-)		(sep.) hob	
m.	left luggage office	herunter	to take down
Gepäckschein (e)		herzlich	hearty
m.	luggage ticket	heute	to-day
gerade	just	hier	here
geschäftlich	on business	Himmel (-) m.	sky, heaven
Geschäftsfreund		hinaus	out of (away from
(e) m.	business associate		the speaker)
Geschäftsmann		hinausbegleiten	to accompany out-
(-sleute) m.	business man	(sep.)	side, escort outside
Geschäftsreise (n)		hinein	in, into
f.	business trip	hinüber	across

hinter (acc. or dat.)	behind	Klavier (e) n.	piano
hinunter	downwards	Klasse (n) f.	class
hoch	high	klein	small, little
hoffentlich	it is to be hoped	klingeln	to ring the bell
holen	to fetch	Klub (s) m.	club
Hotei (s) n.	hotel	Knabe (n) m.	boy
hübsch	pretty	Knicks (e) m.	curtsy
Hund (e) m.	dog	kochen	to cook
Hunger m.	hunger	Koffer (-) m.	suitcase
hungrig	hungry	Köln n.	Cologne
Hut (⁀e) m.	hat	kommen, kam	to come
		komisch	funny, comical
ich	I	Konferenz (en) f.	conference
Idee (n) f.	idea	können, kann,	
ihm	(to) him, (to) it (dat.)	konnte	able to, can
ihn	him (acc.)	Kopfsalat m.	lettuce
Ihnen	(to) you (formal form dative)	Kost f.	food
		kosten	to cost
ihnen	(to) them (dat.)	Krankenhaus	
Ihr	your (formal form)	(⁀er) n.	hospital
ihr	(to) her, their, you (familiar form pl.)	Küche (n) f.	kitchen
		Kuchen (-) m.	cake
immer	always	kühl	cool
in (acc. or dat.)	in	kurz	short
inzwischen	in the meantime		
ist	is	lachen	to laugh
		landen	to land
ja	yes	Landschaft (en) f.	landscape
Jahr (e) n.	year	Landungsstelle	
Januar m.	January	(n) f.	landing place, pier
jeder, -e, -es	each, every	lang (e)	long, for a long time
jener, -e, -es	that	langsam	slow
jetzt	now	lassen, lässt, liess	to leave
Juli m.	July	laufen, läuft, lief	to run
Juni m.	June	laut	loud
Junge (n) m.	boy	Lebensmittelge-	
		schäft (e) n.	grocer's shop
Kaffee m.	coffee	leer	empty
kalt	cold	legen	to put
Kamm (⁀e) m.	comb	leicht	simple, easy
Kapitän (e) m.	captain	leider	unfortunately
kaputt	broken	lernen	to learn
Kartoffel (n) f.	potato	lesen, liest, las	to read
Käse m.	cheese	letzt	last
Katze (n) f.	cat	Leute (plural) die	people
kaufen	to buy	lieb	dear, beloved
kein, keine, kein	no, not a, not any	Lied (er) n.	song
Kellner (-) m.	waiter	Liegestuhl (⁀e)m.	deckchair
kennen, kannte	to know a person, a thing	Limonade (n) f.	lemonade
		Locke (n) f.	curl
Kilo n.	kilo	Löffel (-) m.	spoon
Kind (er) n.	child	lösen	to buy a ticket (train)
Kino (s) n.	cinema	luftkrank	air-sick
Kirche (n)f.	church	Lust (⁀e) f.	desire, pleasure
Kirschenkom-		lustig	merry, gay
pott (e) n.	stewed cherries		

machen	to do, make	Nachspeise (n) f.	sweet course
Mädchen (-) n.	girl	nächst	next
Mai m.	May	Nacht (¨e) f.	night
manchmal	sometimes	nahe	near
Mann (¨er) m.	man	Name (n) m.	name
Mantel (¨) m.	overcoat	Narzisse (n) f.	narcissus
Märchen (-) n.	fairy-tale	Nase (n) f.	nose
Markt (¨e) m.	market	nass	wet
Marktfrau (en) f.	market woman	natürlich	naturally, of course
Marmelade (n) f.	jam, marmalade	neben (acc. or	
März m.	March	dat.)	next to, beside
mehr	more	Nebentisch (e) m.	next table
mein	my	nehmen, nimmt,	
Meldezettel (-)		nahm	to take
m.	registration form	nein	no
Messer (-) n.	knife	nett	nice, pretty
Meter (-) m.	metre	neu	new
Metzger (-) m.	butcher	neugierig	curious, inquisitive
mich	me (acc.)	neun	nine
Milch f.	milk	nicht	not
mild	mild	gar nicht	not at all
Minute (n) f.	minute	Nichte (n) f.	niece
mir	to me (dat.)	nie	never
mit (dat.)	with	nie wieder	never again
Mittag (e) m.	noon	nirgends	nowhere
Mittagessen (-) n.	lunch	noch	still, yet
Mitternacht(¨e)f.	midnight	noch ein	another
Mittwoch m.	Wednesday	nochmal	once again, once
modern	modern		more
Montag m.	Monday	November m.	November
Morgen (-) m.	morning	null	nil, zero
morgen	to-morrow	Nummer (n)	number
müde	tired	nun	now
München n.	Munich	nur	only
Musik f.	music	Nuss (¨e) f.	nut
müssen, muss,			
musste	have to, must	oben	upstairs, above
Mutter (¨) f.	mother	ober	upper
Mütze (n) f.	cap	Oberschule (n) f.	grammar school
		Obst n.	fruit
nach (dat.)	to, after	oder	or
Nachbar (n) m.	neighbour	öffnen	to open
Nachbarin (nen)	neighbour	oft	often
f.		ohne (acc.)	without
nachher	afterwards	Oktober m.	October
Nachmittag (e)		Omnibus (se) m.	omnibus, coach
m.	afternoon	Onkel (-) m.	uncle
nachmittags	in the afternoon	Orange (n) f.	orange
Nachmittags-		Orchester (-) n.	orchestra
kaffee m.	afternoon coffee	Ostende n.	Ostend
nachschlagen		Osterferien	Easter holiday (for
(sep.) schlägt		(plural) die	schools)
nach, schlug			
nach	to look up (in a book)	packen	to pack
nachsehen (sep.)		Park (e) m.	park
sieht nach, sah		Passagier (e) m.	passenger
nach	to look up, look for		

Passagierdampfer (-) m.	passenger steamer
Pause (n) f.	interval, break
Perle (n) f.	pearl
Pfeffer (-) m.	pepper
pflanzen	to plant
pflücken	to pluck, pick
Pforte (n) f.	gate
Pfote (n) f.	paw
Platz (∵e) m.	seat
plaudern	to chat
plötzlich	sudden(ly)
Polizei f.	police
Praline (n) f.	chocolate sweet
Preis (e) m.	price
Primel (n) f.	primula
Pullover (-) m.	pullover
putzen	to clean
Putzfrau (en) f.	charwoman
Radio (s) n.	radio
rasieren	to shave
rauchen	to smoke
Raucherabteil(e) n	smoking compartment
recht	right
Regen (-) m.	rain
Regenschirm (e) m.	umbrella
regnen	to rain
reichen	to hand, reach
Reise (n) f.	journey
reisen	to travel
reservieren	to reserve
Restaurant (s) n.	restaurant
Rhein m.	Rhine
Rheumatismus m.	rheumatism
rosa	pink
Rose (n) f.	rose
Rosenstock (∵e) m.	rose-tree
rot	red
Rückfahrkarte(n) f.	return ticket
Rucksack (∵e) m.	rucksack
rufen, rief	to call
ruhig	quiet
Sache (n) f.	thing, matter
sagen	to say
Salat (e) m.	lettuce
Salz n.	salt
Samstag m.	Saturday
samstags	on Saturdays
Sauerkraut n.	pickled white cabbage

Schachtel (n) f.	box
Schallplatte (n) f.	record
Schalter (-) m.	counter
Schaufenster(-)n.	shop-window
scheinen, schien	to shine
schicken	to send
Schiff (e) n.	ship, boat
schlafen, schlaft, schlief	to sleep
Schlafzimmer (-) n.	bedroom
Schlager (-) m.	hit song
schlecht	bad
schliessen, schloss	to shut, close
Schloss (∵er) n.	castle, manor
Schlüssel (-) m.	key
schmecken	to taste
schmücken	to decorate, adorn
schnell	quick (-ly)
Schnellzug (∵e) m.	express train
schnurren	to purr
schon	already
schön	beautiful
schreiben, schrieb	to write
Schulfreund (e) m.	school friend
Schüssel (n) f.	dish, bowl
schütten	to pour, pour out
Schwaben n.	Swabia
Schwalbe (n) f.	swallow
schwanken	to sway
Schwanz (∵e) m.	tail
schwarz	black
Schweinebraten m.	roast pork
Schweiz f.	Switzerland
schwer	difficult, hard
Schwiegervater (∵) m.	father-in-law
Schwierigkeit (en) f.	difficulty
schwimmen, schwamm	to swim
sechs	six
See (n) f.	sea
See (n) m.	lake
seekrank	seasick
sehen, sieht, sah	to see
sehr	very
sein	to be, his, its
seit (dat.)	since
Seite (n) f.	side, page
senden, sandte	to send
September m.	September
servieren	to serve
sicherlich	certainly

Sie	you (formal form)	suchen	to look for, search for
sie	she, they, her, them	Suppe (n) f.	soup
sieben	seven	süss	sweet
sind	are		
singen, sang	to sing	Tag (e) m.	day
sitzen, sass	to sit	Tante (n) f.	aunt
so	so	tanzen	to dance
sofort	at once, immediately	Tanzmusik f.	dance music
sogleich	immediately	Tasche (n) f.	bag
Sohn (⁻e) m.	son	Taschengeld (er)	
Sommer (-) m.	summer	n.	pocket-money
sonderbar	strange	Taschentuch(⁻er)	handkerchief
Sonnabend (e) m.	Saturday	n.	
Sonne f.	sun	Taxi (s) n.	taxi
Sonntag m.	Sunday	technisch	technical
sonntags	on Sundays	Tee m.	tea
spät	late	teilnehmen (sep.)	
Spaten (-) m.	spade	nimmt teil,	
später	later	nahm teil	to take part
spazieren	to stroll	Telegramm (e) n.	telegram
Speisekarte (n) f.	menu	Teller (-) m.	plate
speisen	to eat, dine	Terrasse (n) f.	terrace
Speisesaal (-säle)		teuer	dear, expensive
m.	dining-hall	Tier (e) n.	animal
Speisewagen (-)		Tiergarten (⁻) m.	zoo
m.	dining-car	Tisch (e) m.	table
Speisezimmer (-)		Tochter (⁻) f.	daughter
n.	dining-room	Torte (n) f.	gâteau, tart
Sperre (n) f.	barrier	tragen, trägt, trug	to carry
Spiel (e) n.	play	treffen, trifft, traf	to meet
spielen	to play	trinken, trank	to drink
Sprache (n) f.	language	Trinkgeld (er) n.	tip
sprechen, spricht,		trocken	dry
sprach	to speak	trocknen	to dry
Springbrunnen (-)		trotzdem	nevertheless, in spite
m.	fountain		of
Staatsangehörig-		Tulpe (n) f.	tulip
keit (en) f.	nationality	tun, tat	to do
Stadt (⁻e) f.	town, city	Tür (en) f.	door
Stadtmitte (n) f.	town centre	Turm (⁻e) m.	tower, spire
stark	strong		
stehen, stand	to stand	über (acc. or dat.)	over
stehenbleiben		Überfahrt (en) f.	crossing (river or sea)
(sep.), bleibt		Überraschung	
stehen, blieb		(en) f.	surprise
stehen	to stop	übersetzen	to translate
steigen, stieg	to climb	Ufer (-) n.	bank, shore
sticken	to embroider	Uhr (en) f.	watch, clock, o'clock
Stimme (n) f.	voice	um (acc.)	round
Stock (⁻e) m.	storey, stick	umsteigen (sep.)	
Strasse (n) f.	street, road	stieg um	to change (train)
Strassenbahn (en)		unartig	naughty
f.	tram	und	and
Stück (e) n	piece	ungeduldig	impatient
Stuhl (⁻e) m.	chair	ungefähr	approximately, about
Stunde (n) f.	hour	uns	us, each other, one
stürmisch	stormy, rough (sea)		another

unser	our
unter	lower
unter (acc. or dat.)	under
Unterschrift (en) f.	signature
unterwegs	on the way
Urlaub m.	holiday
Vase (n) f.	vase
Vater (¨) m.	father
verantwortlich	responsible
verbleiben, verblieb	to remain (in a letter)
verboten	forbidden
verbringen, verbrachte	to spend (time)
Vergnügen (-) n.	pleasure
Verkehrsamt (¨er) n.	visitors' advice bureau
verlassen, verlässt, verliess	to leave
versprechen, verspricht, versprach	to promise
verstehen, verstand	to understand
versuchen	to try
verzollen	to declare, pay duty on
Vetter (-) m.	cousin (male)
viel	much
vielleicht	perhaps
vier	four
viert	fourth
Vogel (¨) m.	bird
Volksgarten (¨) m.	public park
von (dat.)	from, of
vor (acc. or dat.)	before, in front of
vorbei	over, past
Vorhalle (n), f.	entrance hall
vormittags	in the forenoon
Vorname (n) m.	Christian name
vorsichtig	careful
vorüber	over, past
vorweisen (sep.), wies vor	to show (forth), produce
Wagen (-) m.	car
Walnusstorte (n) f.	walnut cake
wann?	when? (of time)
warm	warm
warnen	to warn
warten	to wait
warten auf (acc.)	to wait for
warum?	why?
was?	what?
Wasser n.	water
weg	away
weich	soft
Wein (e) m.	wine
weinen	to weep, cry
weiss	white
weit	far
welcher, -e, -es	which
wem? (dat.)	to whom?
wen? (acc.)	whom?
wenig	few
ein wenig	a little, a few
weniger	minus, less
wenn	if
wer?	who?
Wetter n.	weather
wie	how? like, as
wieder	again
Wiederholung (en) f.	revision, repetition
wieviel?	how much?
wie viele?	how many?
Wind (e) m.	wind
Winter (-) m.	winter
wir	we
wirklich	really
wissen, weiss, wusste	to know (a fact)
wo?	where?
Woche (n) f.	week
Wochenende n.	week-end
wochentags	on weekdays
wohin?	whither? where to?
wohnen	to live
Wohnung (en) f.	flat
Wohnzimmer (-) (n)	living room
Wolke (n) f.	cloud
wollen	wish to, want to, will
wunderbar	wonderful
wunderschön	very beautiful
wundervoll	wonderful
wünschen	to wish
Wurst (¨e) f.	sausage
zahlen	to pay
zart	dainty, delicate
zehn	ten
Zeichensprache (n) f.	sign language
zeigen	to show
Zeit (en) f.	time
Zeitung (en) f.	newspaper
Zigarette (n) f.	cigarette
Zigarre (n) f.	cigar

Zimmer (-) n.	room	zurück	back
Zimmervorbe-		zurückkehren	
stellung (en) f.	room reservation	(sep.)	to return
Zollbeamte (n)		zusammen	together
m.	customs official	Zuschlag (⁀e) m.	additional charge
zu (dat.)	to	Zuschlagskarte	
zu viel	too much	(n) f.	additional ticket
Zucker m.	sugar	zwei	two
zuerst	at first	zwischen (acc. or	
Zufall (⁀e) m.	coincidence	dat.)	between
Zug (⁀e) m.	train	zwölf	twelve
D-Zug m.	express train